교육부 발표 신산업 진로 교육 내용 반영

미래 직업 체험

워크북

위정의
하희
진로교육연구소

구성과 활용

어떤 내용을 학습하나요?

1 미래 변화 탐색	미래 사회의 변화를 탐색하고 새로운 미래 직업 세계를 상상합니다.
2 미래 직업 체험	미래 직업을 체험하는 활동을 통해 자신에게 맞는 진로를 찾아갑니다. * 3가지 미래 직업을 선택하여 활동하기
3 진로 설계	변화하는 미래 사회 및 미래 직업 이해를 토대로 자신의 진로를 설계합니다.

이 책에서 사용하는 아이콘

발표 활동 모둠별로 발표하는 활동	개인 활동 혼자 하는 활동	모둠 활동 모둠이 같이 하는 활동	검색 과제 스마트폰으로 해결하는 과제	QR코드 영상이나 자료를 볼 수 있는 QR코드

직업 흥미 유형 알아보기

홀랜드 직업 흥미 유형 검사를 바탕으로 자신의 흥미 유형을 자세히 알아보고 이를 참고하여 앞으로 체험할 미래 직업을 고릅니다.

* 학생 상황에 따라 검사는 생략할 수 있습니다.

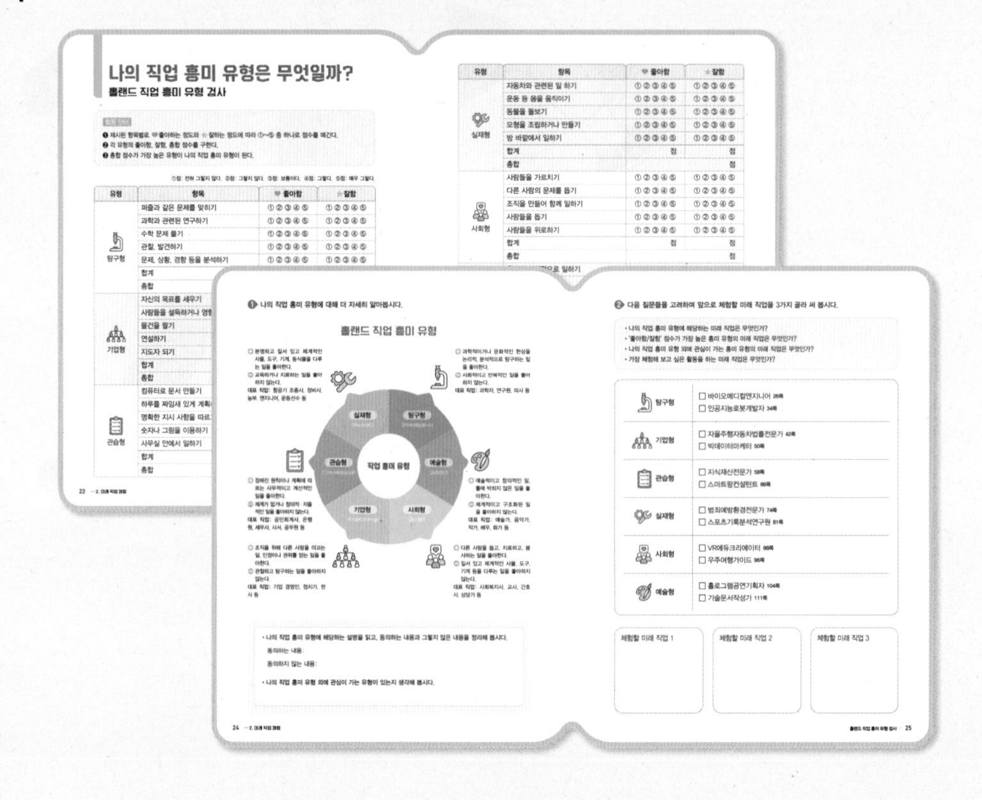

나의 직업 흥미 유형은 무엇일까?
홀랜드 직업 흥미 유형 검사

❶ 제시된 항목별로 ♥좋아하는 정도와 ☆잘하는 정도에 따라 ①~⑤ 중 하나로 점수를 매긴다.
❷ 각 유형의 좋아함, 잘함, 총합 점수를 구한다.
❸ 총합 점수가 가장 높은 유형이 나의 직업 흥미 유형이 된다.

①점: 전혀 그렇지 않다. ②점: 그렇지 않다. ③점: 보통이다. ④점: 그렇다. ⑤점: 매우 그렇다.

유형	항목	♥ 좋아함	☆ 잘함
탐구형	퍼즐과 같은 문제를 맞히기	①②③④⑤	①②③④⑤
	과학과 관련된 연구하기	①②③④⑤	①②③④⑤
	수학 문제 풀기	①②③④⑤	①②③④⑤
	관찰, 발견하기	①②③④⑤	①②③④⑤
	문제, 상황, 경향 등을 분석하기	①②③④⑤	①②③④⑤
	합계		
	총합		
기업형	자신의 목표를 세우기		
	사람들을 설득하거나 영향		
	물건을 팔기		
	연설하기		
	지도자 되기		
	합계		
	총합		
관습형	컴퓨터로 문서 만들기		
	하루를 짜임새 있게 계획		
	명확한 지시 사항을 따르		
	숫자나 그림을 이용하기		
	사무실 안에서 일하기		
	합계		
	총합		

22 ·· 2. 미래 직업 체험

유형	항목	♥ 좋아함	☆ 잘함
실재형	자동차와 관련된 일 하기	①②③④⑤	①②③④⑤
	운동 등 몸을 움직이기	①②③④⑤	①②③④⑤
	동물을 돌보기	①②③④⑤	①②③④⑤
	모형을 조립하거나 만들기	①②③④⑤	①②③④⑤
	밖 바깥에서 일하기	①②③④⑤	①②③④⑤
	합계	점	점
	총합		점
사회형	사람들을 가르치기	①②③④⑤	①②③④⑤
	다른 사람의 문제를 듣기	①②③④⑤	①②③④⑤
	조직을 만들어 함께 일하기	①②③④⑤	①②③④⑤
	사람들을 돕기	①②③④⑤	①②③④⑤
	사람들을 위로하기	①②③④⑤	①②③④⑤
	합계	점	점
	총합		점

❶ 나의 직업 흥미 유형에 대해 더 자세히 알아봅시다.

❷ 다음 질문들을 고려하여 앞으로 체험할 미래 직업을 3가지 골라 써 봅시다.

- 나의 직업 흥미 유형에 해당하는 미래 직업은 무엇인가?
- '좋아함/잘함' 점수가 가장 높은 흥미 유형의 미래 직업은 무엇인가?
- 나의 직업 흥미 유형 외에 관심이 가는 흥미 유형의 미래 직업은 무엇인가?
- 가장 체험해 보고 싶은 활동을 하는 미래 직업은 무엇인가?

탐구형	□ 바이오메디컬엔지니어 26쪽 □ 인공지능로봇개발자 34쪽
기업형	□ 자율주행자동차법률전문가 42쪽 □ 빅데이터마케터 50쪽
관습형	□ 지식재산전문가 58쪽 □ 스마트팜컨설턴트 66쪽
실재형	□ 범죄예방환경전문가 74쪽 □ 스포츠기록분석연구원 81쪽
사회형	□ VR에듀크리에이터 88쪽 □ 우주여행가이드 96쪽
예술형	□ 홀로그램공연기획자 104쪽 □ 기술문서작성가 111쪽

체험할 미래 직업 1 | 체험할 미래 직업 2 | 체험할 미래 직업 3

홀랜드 직업 흥미 유형 검사 ·· 25

활동은 어떻게 구성되었을까요?

STEP 1 이해하기

수업 주제와 관련된 동영상을 3~5분 정도 시청하며 주어진 질문에 답해 봅니다.

STEP 2 탐색하기

수업 주제를 파악하는 데 도움이 되는 정보를 알아봅니다.

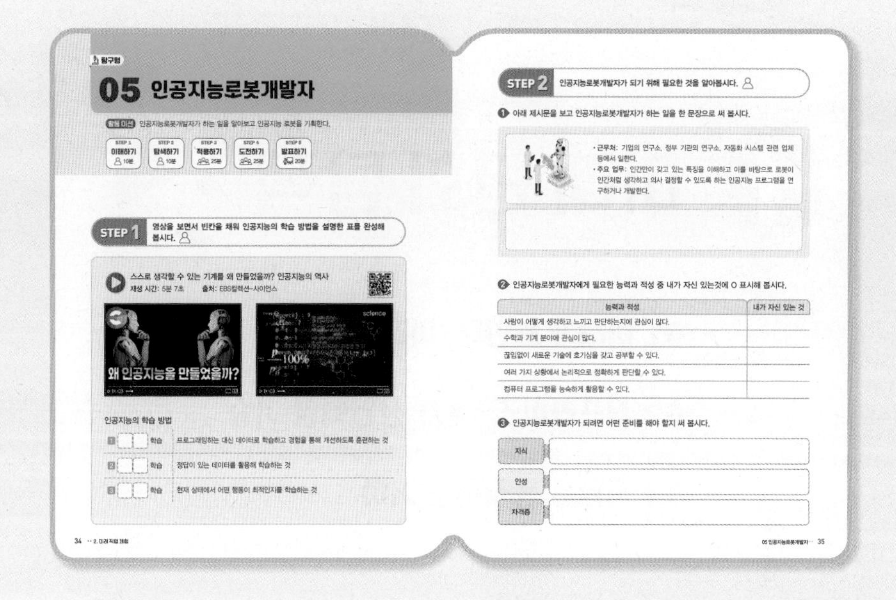

탐구형

05 인공지능로봇개발자

STEP 1 영상을 보면서 빈칸을 채워 인공지능의 학습 방법을 설명한 표를 완성해 봅시다.

스스로 생각할 수 있는 기계를 왜 만들었을까? 인공지능의 역사

왜 인공지능을 만들었을까?

인공지능의 학습 방법

STEP 2 인공지능로봇개발자가 되기 위해 필요한 것을 알아봅시다.

❶ 아래 제시문을 보고 인공지능로봇개발자가 하는 일을 한 문장으로 써 봅시다.

❷ 인공지능로봇개발자에게 필요한 능력과 적성 중 내가 자신 있는것에 O 표시해 봅시다.

능력과 적성	내가 자신 있는 것
사람이 어떻게 생각하고 느끼고 판단하는지에 관심이 많다.	
수학과 기계 분야에 관심이 많다.	
끊임없이 새로운 기술에 호기심을 갖고 공부할 수 있다.	
여러 가지 상황에서 논리적으로 정확하게 판단할 수 있다.	
컴퓨터 프로그램을 능숙하게 활용할 수 있다.	

❸ 인공지능로봇개발자가 되려면 어떤 준비를 해야 할지 써 봅시다.

지식

인성

자격증

STEP 3 적용하기

수업 주제를 나의 생활이나 구체적인 사례 등에 적용해 봅니다.

STEP 4 도전하기

모둠원들과 직업인이 되어 업무를 체험해 보거나 결과물을 만듭니다.

STEP 3 인공지능 로봇에 대해 더 조사해 보고 새로운 인공지능 로봇 아이디어를 떠올려 봅시다.

❶ 다음 제시된 인공지능 로봇의 특징을 조사하여 써 봅시다.

소셜 로봇

로봇 예술가

휴머노이드 로봇

STEP 4 인공지능 로봇의 기획안과 설계도를 작성해 봅시다.

인공지능 로봇 기획안

로봇 이름	
개발하고 싶은 이유	
특징	

STEP 5 발표하기

앞에서 활동한 내용을 정리하여 모둠별로 돌아가며 발표합니다.

CHECK 평가하기

활동을 마무리하면서 스스로를 되돌아봅니다.

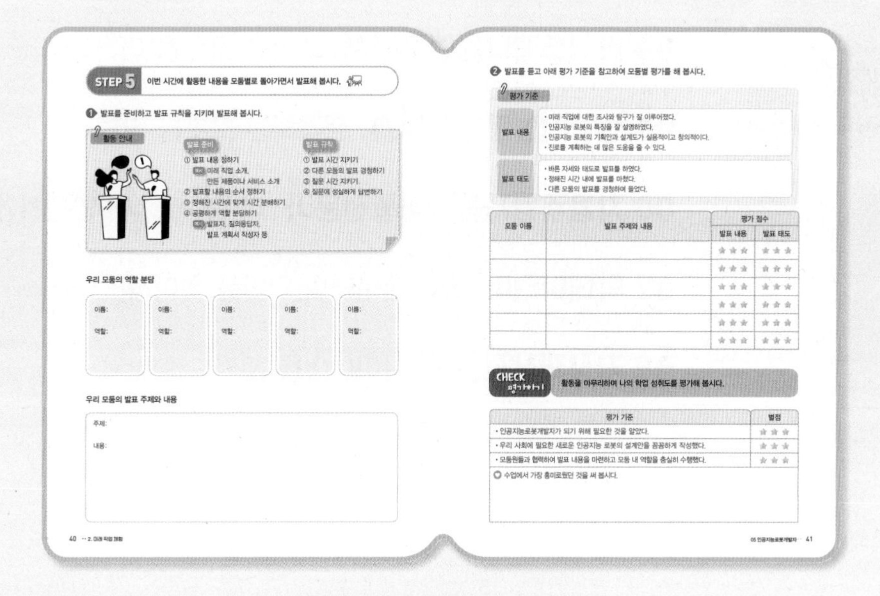

STEP 5 이번 시간에 활동한 내용을 모둠별로 돌아가면서 발표해 봅시다.

❶ 발표를 준비하고 발표 규칙을 지키며 발표해 봅시다.

우리 모둠의 역할 분담

우리 모둠의 발표 주제와 내용

❷ 발표를 듣고 아래 평가 기준을 참고하여 모둠별 평가를 해 봅시다.

CHECK 평가하기 활동을 마무리하며 나의 학업 성취도를 평가해 봅시다.

차례

1 미래 변화 탐색

2 미래 직업 체험

3 진로 설계

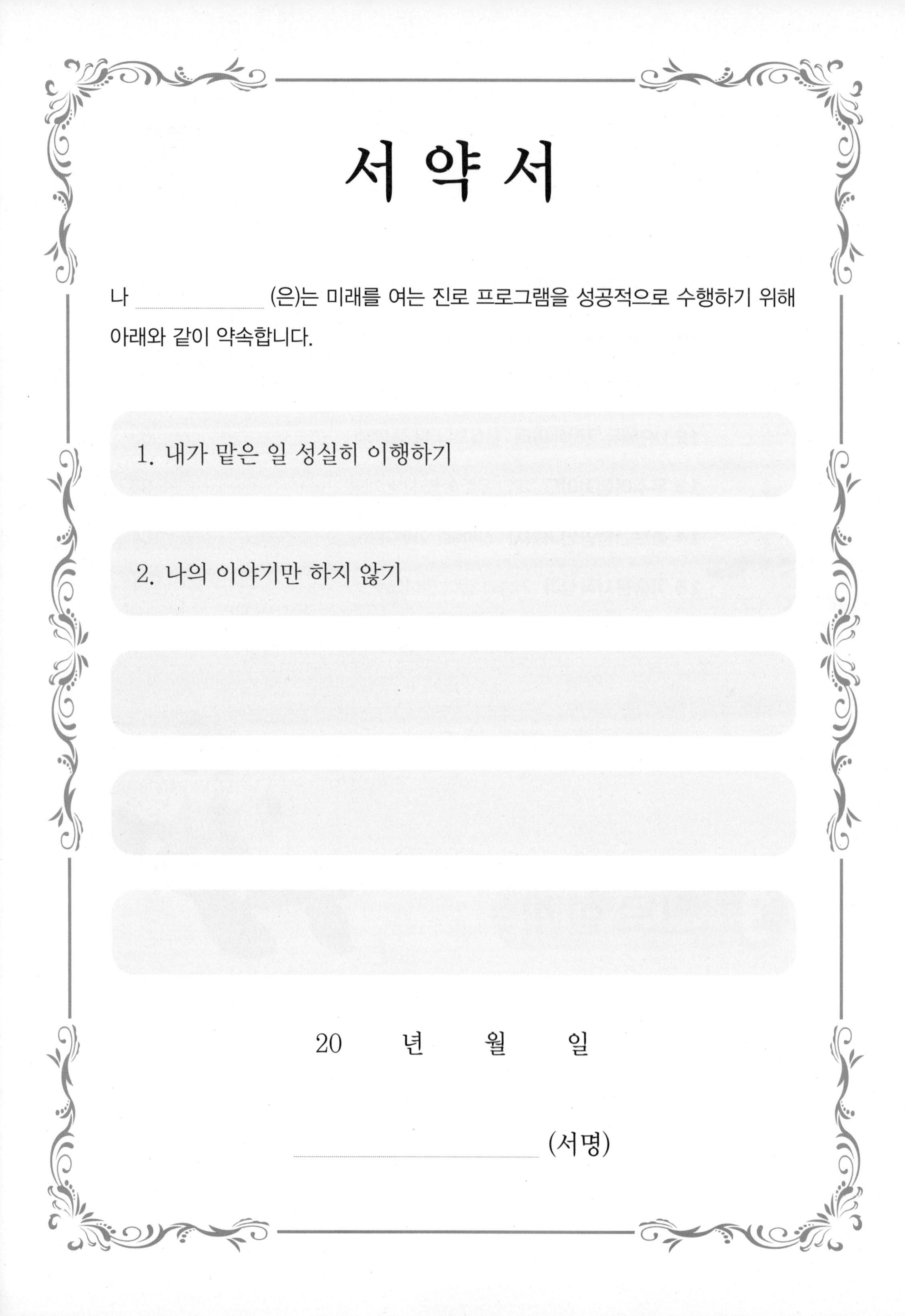

서 약 서

나 ________________ (은)는 미래를 여는 진로 프로그램을 성공적으로 수행하기 위해 아래와 같이 약속합니다.

1. 내가 맡은 일 성실히 이행하기

2. 나의 이야기만 하지 않기

20 년 월 일

________________ (서명)

1 미래 변화 탐색

01 미래가 보인다, 미래가 열린다

활동 미션 미래 사회 상상도를 보고 내가 살아갈 미래 사회를 예측한다.

STEP 1	STEP 2	STEP 3
이해하기	탐색하기	적용하기
10분	10분	25분

STEP 1 영상을 보고 영상에 나온 미래 도시의 모습 중 가장 실현되기를 바라는 것에 ☑ 표시해 봅시다.

미래가 그린 스마트 시티는 어떤 모습일까?
재생 시간: 5분 12초 출처: 국토교통부

TIP
이 영상에는 STEP 2 활동에 필요한 단서가 있으니 집중해서 시청하세요!

1 사람 없이 자동으로 움직이는 버스와, 빅데이터를 사용한 교통 시스템으로 차가 안 막히고 사고도 줄어든다. ☐

2 친환경 발전소와 남은 전기를 저장하는 에너지 저장 단지로 환경 오염이 없어진다. ☐

3 집과 길거리에 설치된 쓰레기 파이프로 쓰레기를 자동으로 수거한다. ☐

4 똑똑한 CCTV가 응급 상황을 자동으로 경찰에 신고한다. ☐

STEP 2 게임을 통해 미래 사회의 모습을 확인해 봅시다. 

① 스마트폰으로 〈미래로 가는 프리패스 획득 게임〉을 해 봅시다.

활동 안내

❶ 오른쪽 QR코드에 접속한다.

❷ 첫 페이지에 학년, 반, 번호를 적고 게임을 시작한다.

❸ STEP 1 영상에서 본 단서를 잘 생각하면서 각 관문에 제시된 문제를 푼다.

- 선택지 중에서 정답이라고 생각하는 것을 선택하고 다음을 누른다.
- 정답을 맞히면 다음 관문으로 넘어간다.
- 오답을 선택하면 출발 지점이나 중간 지점으로 되돌아가서 다시 도전한다.

❹ 열 개의 관문을 모두 통과하고 미래로 가는 프리패스를 획득한다.

TIP 교실에서 인터넷 접속이 안 될 경우 선생님의 안내에 따라 '도전 골든벨' 게임을 할 수 있어요!

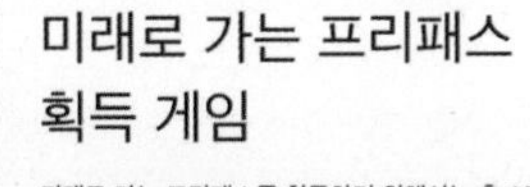
미래로 가는 프리패스 획득 게임
미래로 가는 프리패스를 획득하기 위해서는 총 10개의 관문을 통과해야 합니다. 워크북 8쪽 STEP1 영상에서 본 단서를 잘 생각하면서 각 관문에 제시된 문제의 답을 모두 맞혀 봅시다. 부디 행운이 당신과 함께 하길.
* 표시는 필수 질문임
당신의 학년, 반, 번호를 적으십시오 *
예시: 1학년 1반 1번
내 답변

시작

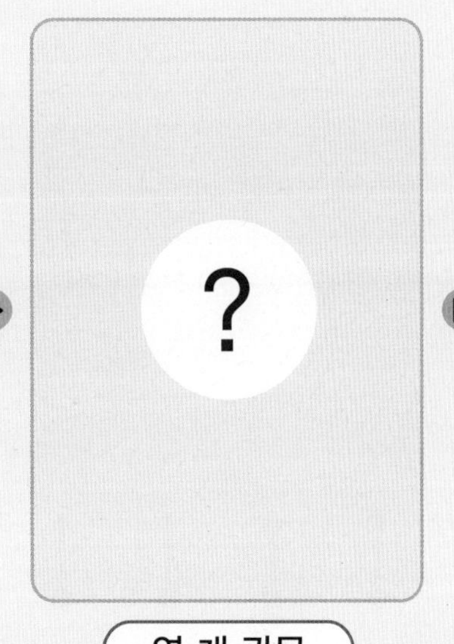
?

열 개 관문

미래로 가는 티켓을 획득하였습니다!
축하합니다! 모든 관문을 통과하셨군요!
Time
to travel
get your ticket now
영광스러운 당신의 이름을 적고 제출하기를 누르세요. *
내 답변

끝

② 미래로 가는 프리패스를 가장 먼저 획득한 친구의 이름을 써 봅시다.

우리 모둠 1등

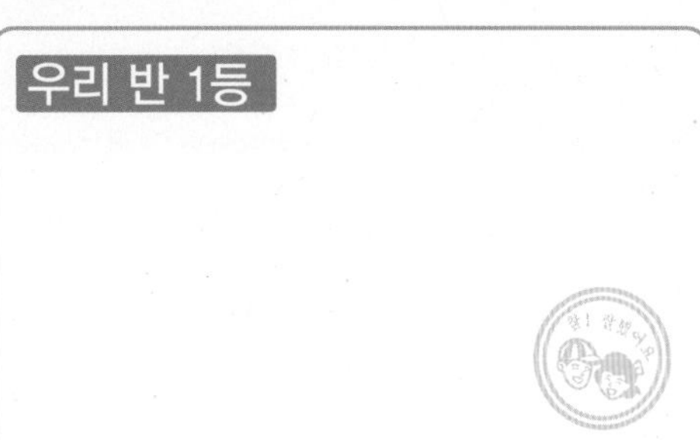
우리 반 1등

명예의 전당

STEP 3 여러분이 맞이하고 싶은 미래를 상상해 보고 모둠원들과 이야기를 나누어 봅시다.

1. 미래의 하루 일과 중 한 장면을 자유롭게 그려 보고 아래 칸에 설명글을 써 봅시다.

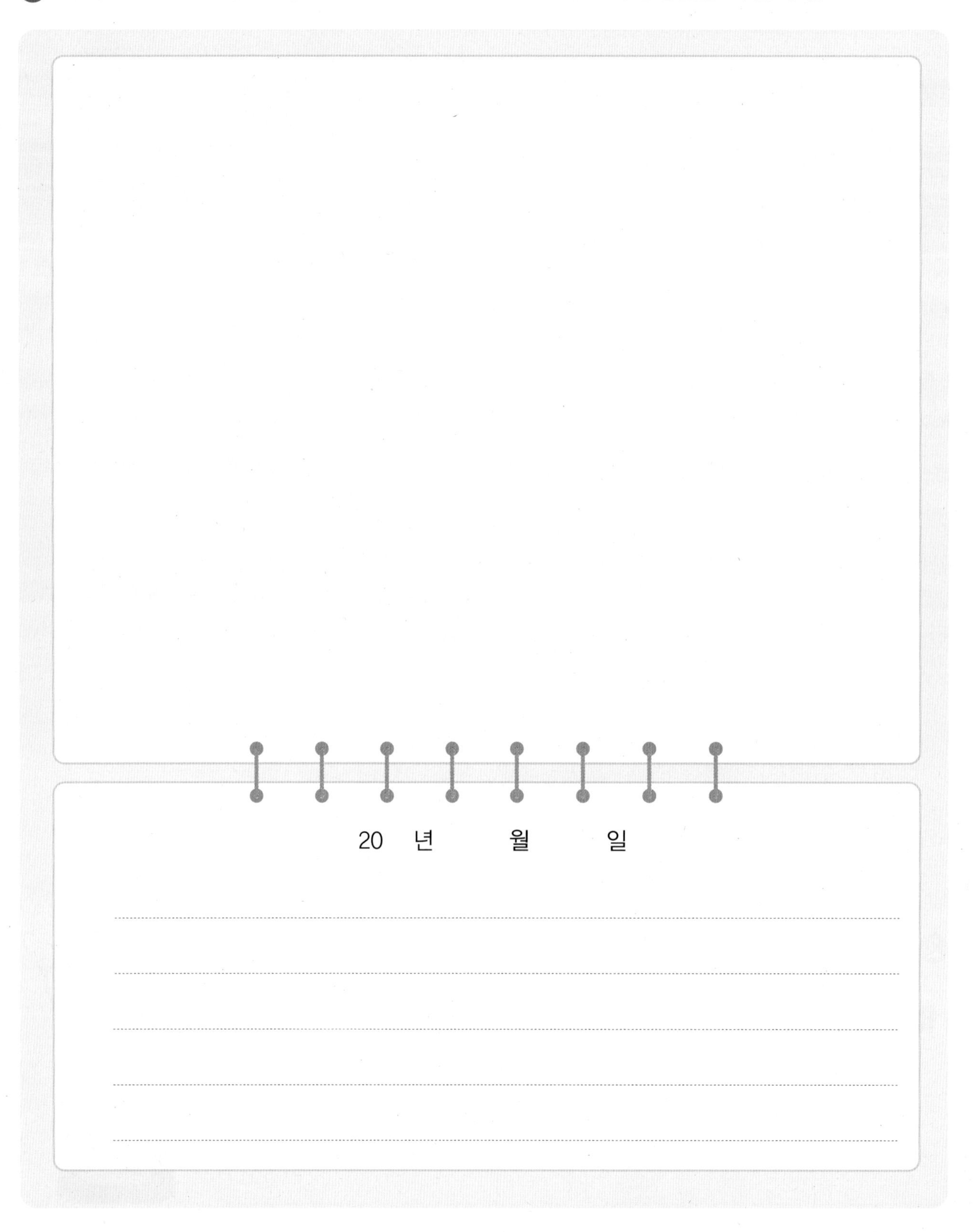

② 친구들은 어떤 일과를 그렸는지 모둠원들이 돌아가면서 1분씩 이야기해 봅시다. 모둠 친구의 이야기에 공감하는 정도에 따라 별표에 색칠해 봅시다.

모둠원 이름:

☆☆☆☆☆

모둠원 이름:

☆☆☆☆☆

모둠원 이름:

☆☆☆☆☆

모둠원 이름:

☆☆☆☆☆

모둠원 이름:

☆☆☆☆☆

모둠원 이름:

☆☆☆☆☆

③ 별표 수를 확인하고 모둠에서 가장 많은 공감을 받은 친구를 축하해 주세요.

내가 받은 별표 수

개

가장 많은 별표를 받은 친구

이름:

CHECK 평가하기 활동을 마무리하며 나의 학업 성취도를 평가해 봅시다.

평가 기준	별점
• 미래 사회의 모습을 확인하고 내가 맞이하고 싶은 미래의 하루 일과를 상상했다.	☆☆☆
• 상상한 미래의 하루 일과에 대해 모둠원들과 이야기를 나누었다.	☆☆☆

♡ 수업에서 가장 흥미로웠던 것을 써 봅시다.

02 서프라이즈! 4차 산업혁명 기술

활동 미션 4차 산업혁명 시대의 기술을 조사해 보고 인포그래픽으로 표현한다.

STEP 1 영상을 보면서 4차 산업혁명이 무엇인지 알아봅시다.

4차 산업혁명
재생 시간: 약 2분 (44초부터 시청)　　출처: 연합뉴스경제TV

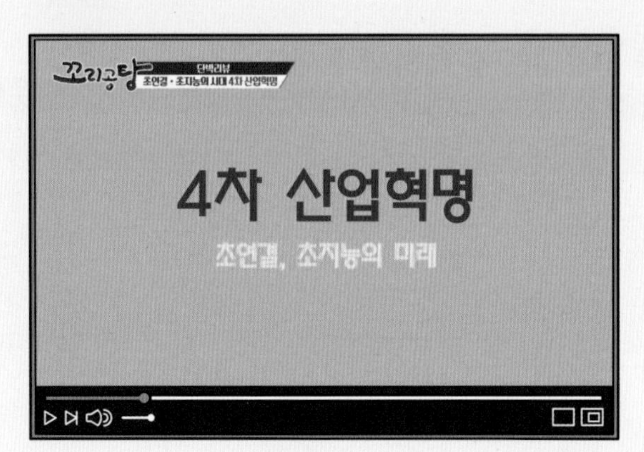

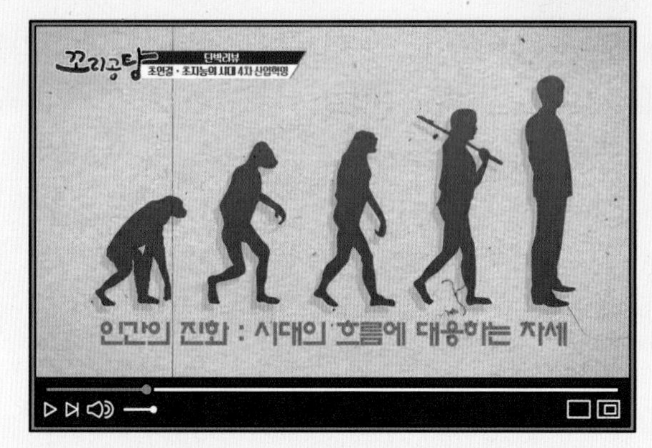

산업혁명의 3요소는?

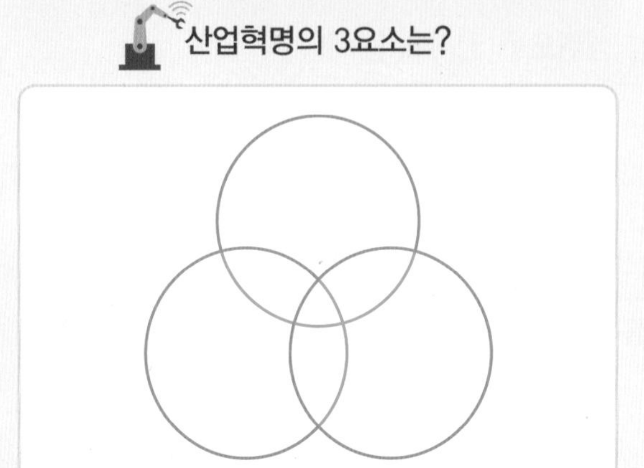

4차 산업혁명이란?

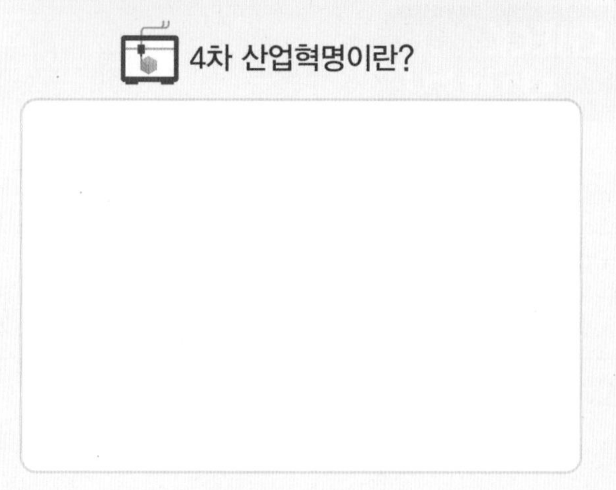

STEP 2 모둠원과 4차 산업혁명의 기술 중 한 가지를 선택하여 조사해 봅시다.

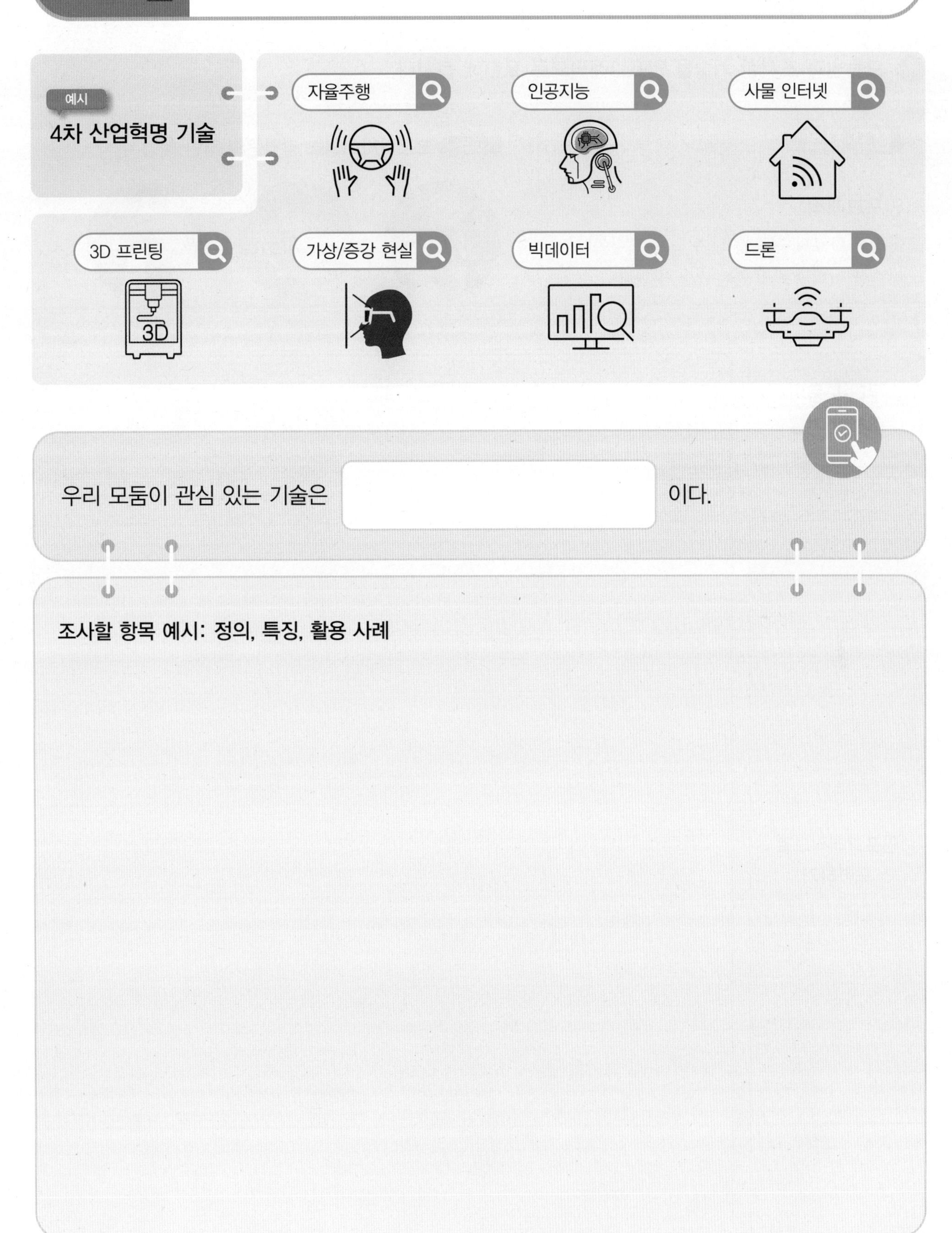

예시
4차 산업혁명 기술
자율주행
인공지능
사물 인터넷
3D 프린팅
3D
가상/증강 현실
빅데이터
드론
우리 모둠이 관심 있는 기술은
이다.
조사할 항목 예시: 정의, 특징, 활용 사례

STEP 3 4차 산업혁명의 기술을 인포그래픽으로 표현하고 발표해 봅시다.

1 모둠원과 조사한 기술을 인포그래픽으로 표현해 봅시다.

참고 자료

인포그래픽

복잡한 자료나 정보를 알기 쉽게 도형이나 간단한 이미지로 표현한 것을 말한다.

예시 코로나바이러스 감염증의 국민 예방 수칙

우리 모둠이 조사한 기술	
인포그래픽으로 표현하기	

2 모둠별로 인포그래픽을 발표하고, 다른 모둠의 발표를 들으며 공감 가는 내용을 써 봅시다.

모둠 이름	조사한 기술	공감 가는 내용

CHECK 평가하기 활동을 마무리하며 나의 학업 성취도를 평가해 봅시다.

평가 기준	별점
• 4차 산업혁명의 기술을 조사하고 인포그래픽으로 명확하게 표현했다.	☆ ☆ ☆
• 활동한 내용을 정리하여 발표하고 다른 모둠의 발표를 주의 깊게 들었다.	☆ ☆ ☆
♡ 수업에서 가장 흥미로웠던 것을 써 봅시다.	

03 직업은 움직이는 거야

활동 미션 미래 사회의 변화에 따른 직업 세계의 변화를 탐색해 봅시다.

STEP 1	STEP 2	STEP 3
이해하기	**탐색하기**	**적용하기**
10분	10분	25분

STEP 1 영상을 보고 가장 인상 깊은 장면과 그 이유를 써 봅시다.

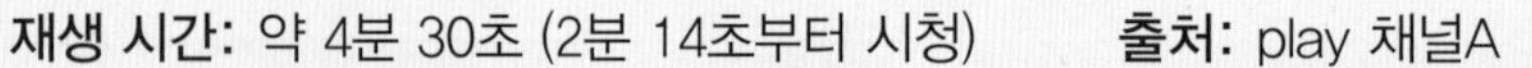

4차 산업혁명 시대, 노동의 형태도 달라진다

재생 시간: 약 4분 30초 (2분 14초부터 시청) **출처:** play 채널A

• 가장 인상 깊은 장면은?

• 가장 인상 깊었던 이유는?

STEP 2 아래 직업은 중학생이 희망하는 상위 직업 20개입니다. 각자 관심 있는 직업 세 가지를 선택한 후 빈칸에 써 봅시다.

교사	의사	운동선수	경찰관/수사관
컴퓨터 공학자/소프트웨어 개발자	군인	경영자	배우/모델
요리사/조리사	시각 디자이너	약사	회사원
작가	뷰티 디자이너	간호사	제과·제빵원
공무원	법률 전문가	만화가/웹툰 작가	크리에이터

출처: 교육부(2023)

1

2

3

STEP 3 새로운 미래 직업을 만들어 봅시다.

1 STEP 2 에서 선택한 직업 중 하나와 13쪽에서 조사한 기술을 결합하여 여러 가지 미래 직업을 상상해 봅시다.

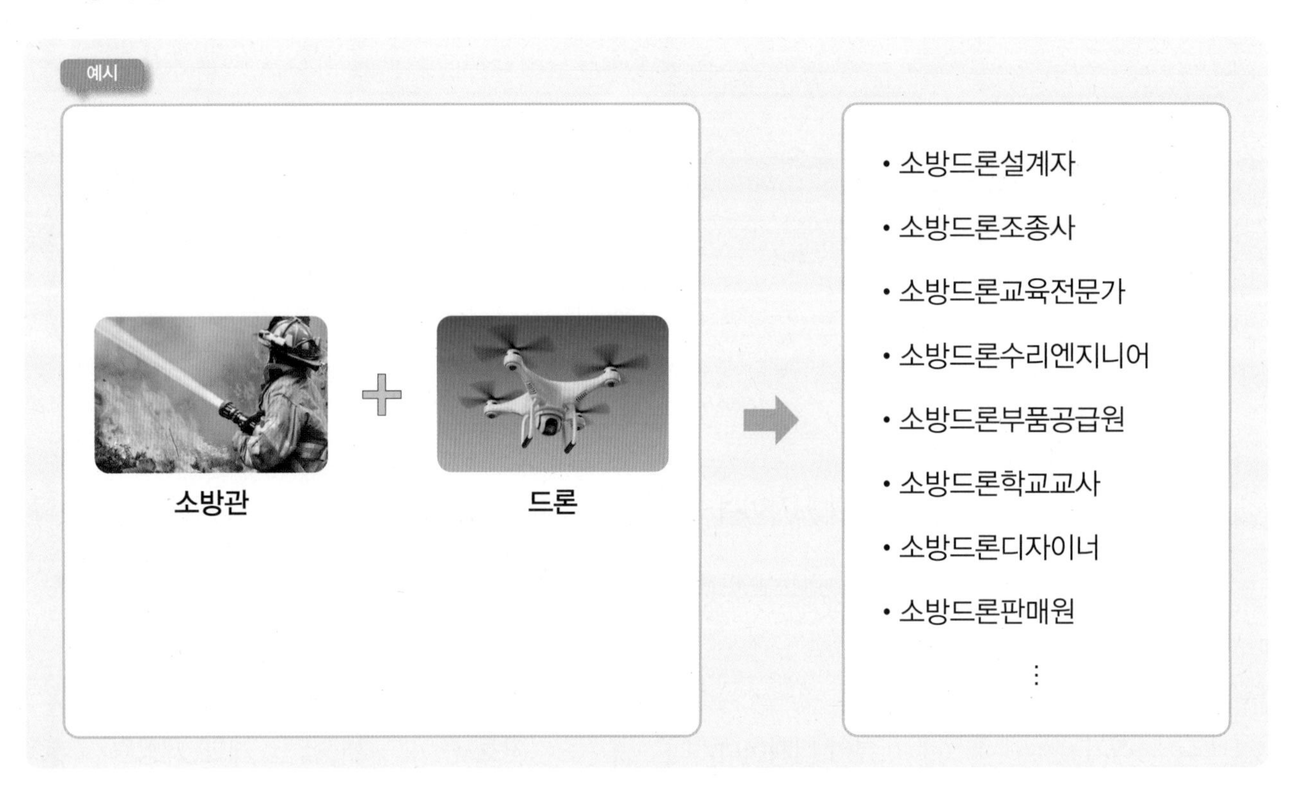

예시
소방관
드론
• 소방드론설계자
• 소방드론조종사
• 소방드론교육전문가
• 소방드론수리엔지니어
• 소방드론부품공급원
• 소방드론학교교사
• 소방드론디자이너
• 소방드론판매원
⋮

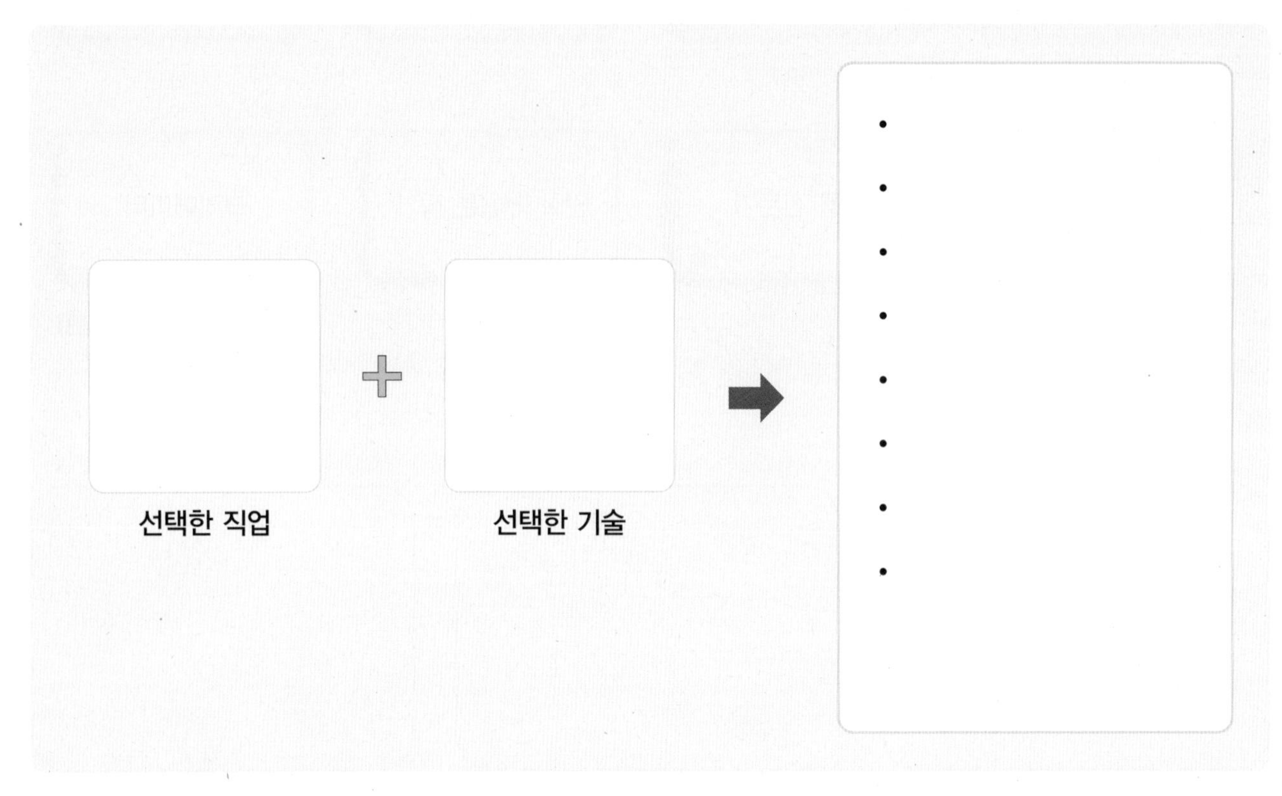

2 여러분이 만든 미래 직업 중 한 가지를 선택하여 직업 카드를 만들어 봅시다.

• 직업명

• 하는 일

직업인 그리기

필요한 능력

비슷한 직업

3 직업 카드를 모둠별로 돌아가면서 발표하고 가장 공감이 가는 직업 세 가지를 골라 보세요.

CHECK 평가하기 활동을 마무리하며 나의 학업 성취도를 평가해 봅시다.

평가 기준	별점
• 미래의 노동 형태 변화를 알아보고 미래 직업을 상상하여 직업 카드를 만들었다.	★ ★ ★
• 활동한 내용을 정리하여 발표하고 다른 모둠의 발표를 주의 깊게 들었다.	★ ★ ★

수업에서 가장 흥미로웠던 것을 써 봅시다.

미술가들이 상상한 2000년 세상

1899~1910년에 장-마르크 코테(Jean-Marc Cote)를 비롯한 프랑스 미술가들은 다가올 2000년의 세상을 상상하여 그림을 그렸습니다. 백여 년 전 미술가들이 상상했던 미래 모습은 어떻게 그리고 얼마나 현실로 이루어졌을까요?

▲ 영상 통화

▲ 병아리 자동 부화 기계

▲ 자동 청소 기계

▲ 자동 밀 수확 기계

백여 년 전 미술가들이 상상했던 것과 같이 오늘날 영화, 문학 작품, 웹툰 속에서 상상하는 미래 사회 모습은 백여 년 후 미래 사회에서 얼마나 현실로 이루어질지 생각해 보세요.

2 미래 직업 체험

나의 직업 흥미 유형은 무엇일까?

홀랜드 직업 흥미 유형 검사

활동 안내

❶ 제시된 항목별로 ♥좋아하는 정도와 ★잘하는 정도에 따라 ①~⑤ 중 하나로 점수를 매긴다.
❷ 각 유형의 좋아함, 잘함, 총합 점수를 구한다.
❸ 총합 점수가 가장 높은 유형이 나의 직업 흥미 유형이 된다.

①점: 전혀 그렇지 않다. ②점: 그렇지 않다. ③점: 보통이다. ④점: 그렇다. ⑤점: 매우 그렇다.

유형	항목	♥ 좋아함	★ 잘함
탐구형	퍼즐과 같은 문제를 맞히기	① ② ③ ④ ⑤	① ② ③ ④ ⑤
	과학과 관련된 연구하기	① ② ③ ④ ⑤	① ② ③ ④ ⑤
	수학 문제 풀기	① ② ③ ④ ⑤	① ② ③ ④ ⑤
	관찰, 발견하기	① ② ③ ④ ⑤	① ② ③ ④ ⑤
	문제, 상황, 경향 등을 분석하기	① ② ③ ④ ⑤	① ② ③ ④ ⑤
	합계	점	점
	총합	점	
기업형	자신의 목표를 세우기	① ② ③ ④ ⑤	① ② ③ ④ ⑤
	사람들을 설득하거나 영향 주기	① ② ③ ④ ⑤	① ② ③ ④ ⑤
	물건을 팔기	① ② ③ ④ ⑤	① ② ③ ④ ⑤
	연설하기	① ② ③ ④ ⑤	① ② ③ ④ ⑤
	지도자 되기	① ② ③ ④ ⑤	① ② ③ ④ ⑤
	합계	점	점
	총합	점	
관습형	컴퓨터로 문서 만들기	① ② ③ ④ ⑤	① ② ③ ④ ⑤
	하루를 짜임새 있게 계획하기	① ② ③ ④ ⑤	① ② ③ ④ ⑤
	명확한 지시 사항을 따르기	① ② ③ ④ ⑤	① ② ③ ④ ⑤
	숫자나 그림을 이용하기	① ② ③ ④ ⑤	① ② ③ ④ ⑤
	사무실 안에서 일하기	① ② ③ ④ ⑤	① ② ③ ④ ⑤
	합계	점	점
	총합	점	

유형	항목	♥ 좋아함	★ 잘함
실재형	자동차와 관련된 일 하기	① ② ③ ④ ⑤	① ② ③ ④ ⑤
	운동 등 몸을 움직이기	① ② ③ ④ ⑤	① ② ③ ④ ⑤
	동물을 돌보기	① ② ③ ④ ⑤	① ② ③ ④ ⑤
	모형을 조립하거나 만들기	① ② ③ ④ ⑤	① ② ③ ④ ⑤
	방 바깥에서 일하기	① ② ③ ④ ⑤	① ② ③ ④ ⑤
	합계	점	점
	총합		점
사회형	사람들을 가르치기	① ② ③ ④ ⑤	① ② ③ ④ ⑤
	다른 사람의 문제를 돕기	① ② ③ ④ ⑤	① ② ③ ④ ⑤
	조직을 만들어 함께 일하기	① ② ③ ④ ⑤	① ② ③ ④ ⑤
	사람들을 돕기	① ② ③ ④ ⑤	① ② ③ ④ ⑤
	사람들을 위로하기	① ② ③ ④ ⑤	① ② ③ ④ ⑤
	합계	점	점
	총합		점
예술형	혼자서 독립적으로 일하기	① ② ③ ④ ⑤	① ② ③ ④ ⑤
	글을 쓰기	① ② ③ ④ ⑤	① ② ③ ④ ⑤
	남과 다르게 창조적으로 일하기	① ② ③ ④ ⑤	① ② ③ ④ ⑤
	그림 그리기	① ② ③ ④ ⑤	① ② ③ ④ ⑤
	악기를 연주하거나 노래하기	① ② ③ ④ ⑤	① ② ③ ④ ⑤
	합계	점	점
	총합		점

나의 직업 흥미 유형은 ______ 이다.

❶ 나의 직업 흥미 유형에 대해 더 자세히 알아봅시다.

홀랜드 직업 흥미 유형

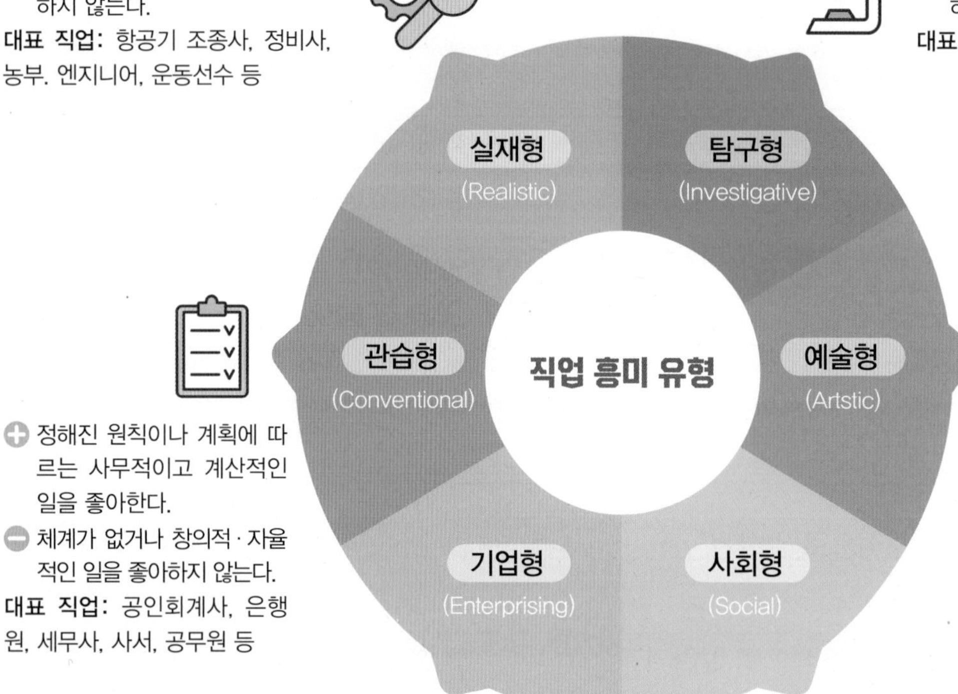

실재형 (Realistic)

- ⊕ 분명하고 질서 있고 체계적인 사물, 도구, 기계, 동식물을 다루는 일을 좋아한다.
- ⊖ 교육하거나 치료하는 일을 좋아하지 않는다.

대표 직업: 항공기 조종사, 정비사, 농부, 엔지니어, 운동선수 등

탐구형 (Investigative)

- ⊕ 과학적이거나 문화적인 현상을 논리적, 분석적으로 탐구하는 일을 좋아한다.
- ⊖ 사회적이고 반복적인 일을 좋아하지 않는다.

대표 직업: 과학자, 연구원, 의사 등

관습형 (Conventional)

- ⊕ 정해진 원칙이나 계획에 따르는 사무적이고 계산적인 일을 좋아한다.
- ⊖ 체계가 없거나 창의적·자율적인 일을 좋아하지 않는다.

대표 직업: 공인회계사, 은행원, 세무사, 사서, 공무원 등

예술형 (Artstic)

- ⊕ 예술적이고 창의적인 일, 틀에 박히지 않은 일을 좋아한다.
- ⊖ 체계적이고 구조화된 일을 좋아하지 않는다.

대표 직업: 예술가, 음악가, 작가, 배우, 화가 등

기업형 (Enterprising)

- ⊕ 조직을 위해 다른 사람을 이끄는 일, 인정이나 권위를 얻는 일을 좋아한다.
- ⊖ 관찰하고 탐구하는 일을 좋아하지 않는다.

대표 직업: 기업 경영인, 정치가, 판사 등

사회형 (Social)

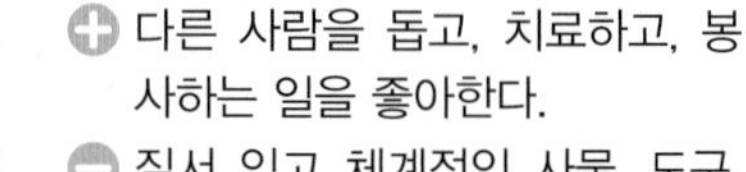

- ⊕ 다른 사람을 돕고, 치료하고, 봉사하는 일을 좋아한다.
- ⊖ 질서 있고 체계적인 사물, 도구, 기계 등을 다루는 일을 좋아하지 않는다.

대표 직업: 사회복지사, 교사, 간호사, 상담가 등

- **나의 직업 흥미 유형에 해당하는 설명을 읽고, 동의하는 내용과 그렇지 않은 내용을 정리해 봅시다.**

  동의하는 내용:

  동의하지 않는 내용:

- **나의 직업 흥미 유형 외에 관심이 가는 유형이 있는지 생각해 봅시다.**

2 다음 질문들을 고려하며 앞으로 체험할 미래 직업을 3가지 골라 써 봅시다.

- 나의 직업 흥미 유형에 해당하는 미래 직업은 무엇인가?
- '좋아함/잘함' 점수가 가장 높은 흥미 유형의 미래 직업은 무엇인가?
- 나의 직업 흥미 유형 외에 관심이 가는 흥미 유형의 미래 직업은 무엇인가?
- 가장 체험해 보고 싶은 활동을 하는 미래 직업은 무엇인가?

탐구형	☐ 바이오메디컬엔지니어 26쪽 ☐ 인공지능로봇개발자 34쪽
기업형	☐ 자율주행자동차법률전문가 42쪽 ☐ 빅데이터마케터 50쪽
관습형	☐ 지식재산전문가 58쪽 ☐ 스마트팜컨설턴트 66쪽
실재형	☐ 범죄예방환경전문가 74쪽 ☐ 스포츠기록분석연구원 81쪽
사회형	☐ VR에듀크리에이터 88쪽 ☐ 우주여행가이드 96쪽
예술형	☐ 홀로그램공연기획자 104쪽 ☐ 기술문서작성가 111쪽

체험할 미래 직업 1

체험할 미래 직업 2

체험할 미래 직업 3

탐구형

04 바이오메디컬엔지니어

활동 미션 바이오메디컬엔지니어가 하는 일을 알아보고 의료 제품을 기획한다.

STEP 1	STEP 2	STEP 3	STEP 4	STEP 5
이해하기 10분	탐색하기 10분	적용하기 25분	도전하기 25분	발표하기 20분

STEP 1 다음 영상을 보면서 빈칸에 들어갈 말을 써 봅시다.

3D 바이오프린터로 인체 조직을 만든다

재생 시간: 2분 24초 출처: YTN 사이언스

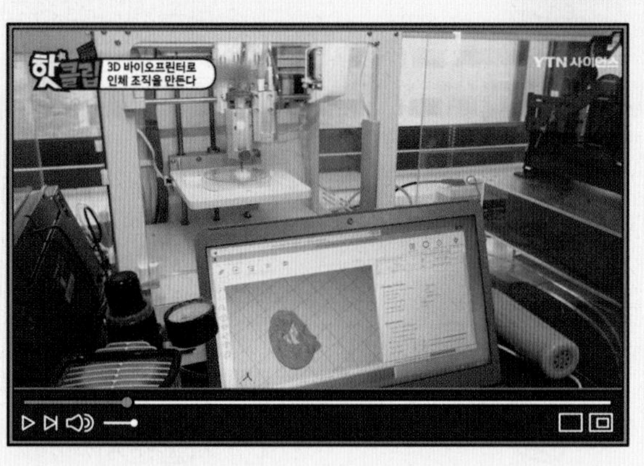

1 ☐☐☐☐☐☐ 기술로 인체 조직을 만들 수 있다.

2 우리 몸에 사용하기 때문에 인체 조직의 소재가 될 ☐☐☐ 잉크가 중요하다.

3 ☐☐☐ 의 단백질은 탄성이 높고 구조물을 만들기에 적합하여 바이오 잉크로 사용하기 좋다.

STEP 2 바이오메디컬엔지니어가 되기 위해 필요한 것을 알아봅시다. 

❶ 아래 제시문을 보고 바이오메디컬엔지니어가 하는 일을 한 문장으로 써 봅시다.

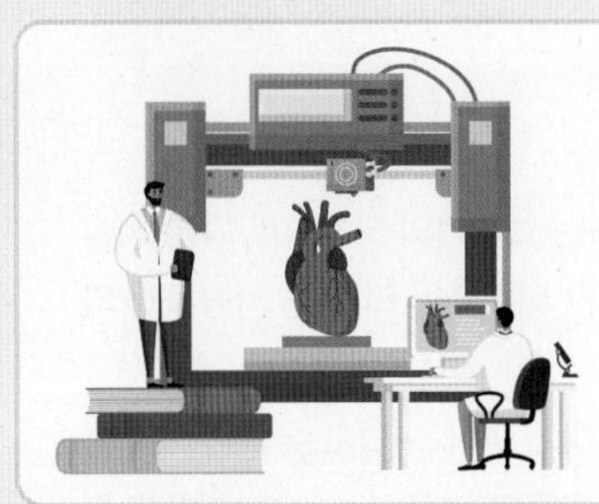

- **근무처**: 병원, 대학, 제약 회사, 제조 회사 등에서 일한다.
- **주요 업무**: 우리 주변에서 볼 수 있는 치과 임플란트, 인공 팔다리, 교정 렌즈 등 대형 영상 장비에서 의료용 나노 로봇에 이르기까지 다양한 의료 기기를 연구하고 개발한다.

❷ 바이오메디컬엔지니어에게 필요한 능력과 적성 중 내가 자신 있는 것에 ○ 표시해 봅시다.

능력과 적성	내가 자신 있는 것
사람의 신체와 의학 기술에 관심이 많다.	
논리적으로 생각하는 것을 좋아한다.	
긴 시간 동안 연구를 할 수 있는 체력과 인내심이 있다.	
여러 가지 복잡한 상황에서 정확한 판단을 할 수 있다.	
컴퓨터 프로그램을 능숙하게 활용할 수 있다.	

❸ 바이오메디컬엔지니어가 되려면 어떤 준비를 해야 할지 써 봅시다.

지식	
인성	
자격증	

STEP 3 바이오메디컬엔지니어가 할 수 있는 일을 생각해 봅시다. 

1 다음 제시된 장치가 일상생활에서 어떻게 유용하게 활용되는지 모둠원들과 찾아 써 봅시다.

인공 귀

예시

선천적으로 양쪽 귀가 없이 태어난 김 씨는 보청기의 도움으로 다른 사람들과 의사소통하는 일이 가능하였다. 하지만 어릴 적부터 다른 사람들과 다른 외모 때문에 큰 스트레스를 받아왔다.

그러던 중 우연히 인공 귀 이식 수술에 대해 알게 되었고 유명한 의사를 통해 자신의 몸에서 떼어 낸 연골로 귀를 만들어 이식하는 수술을 받게 되었다. 수술 후 김 씨는 남들과 비슷한 귀를 갖게 되었고, 현재 기쁘게 생활하고 있다.

로봇 의수

수술용 로봇

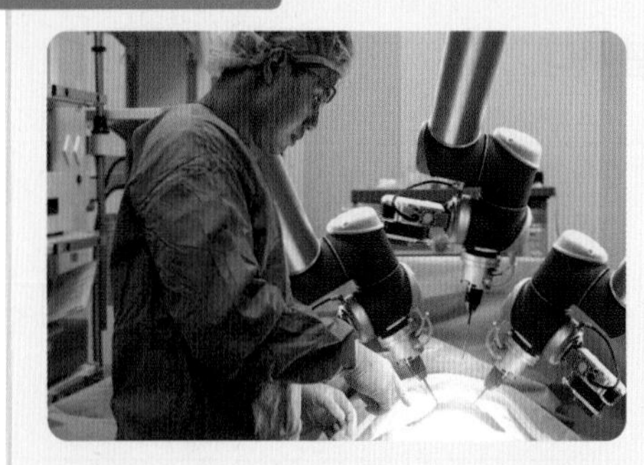

❷ 모둠원들과 함께 제시된 이미지 중에서 한 가지를 골라 바이오메디컬엔지니어가 이들의 생활에 어떤 도움을 줄 수 있을지 써 봅시다.

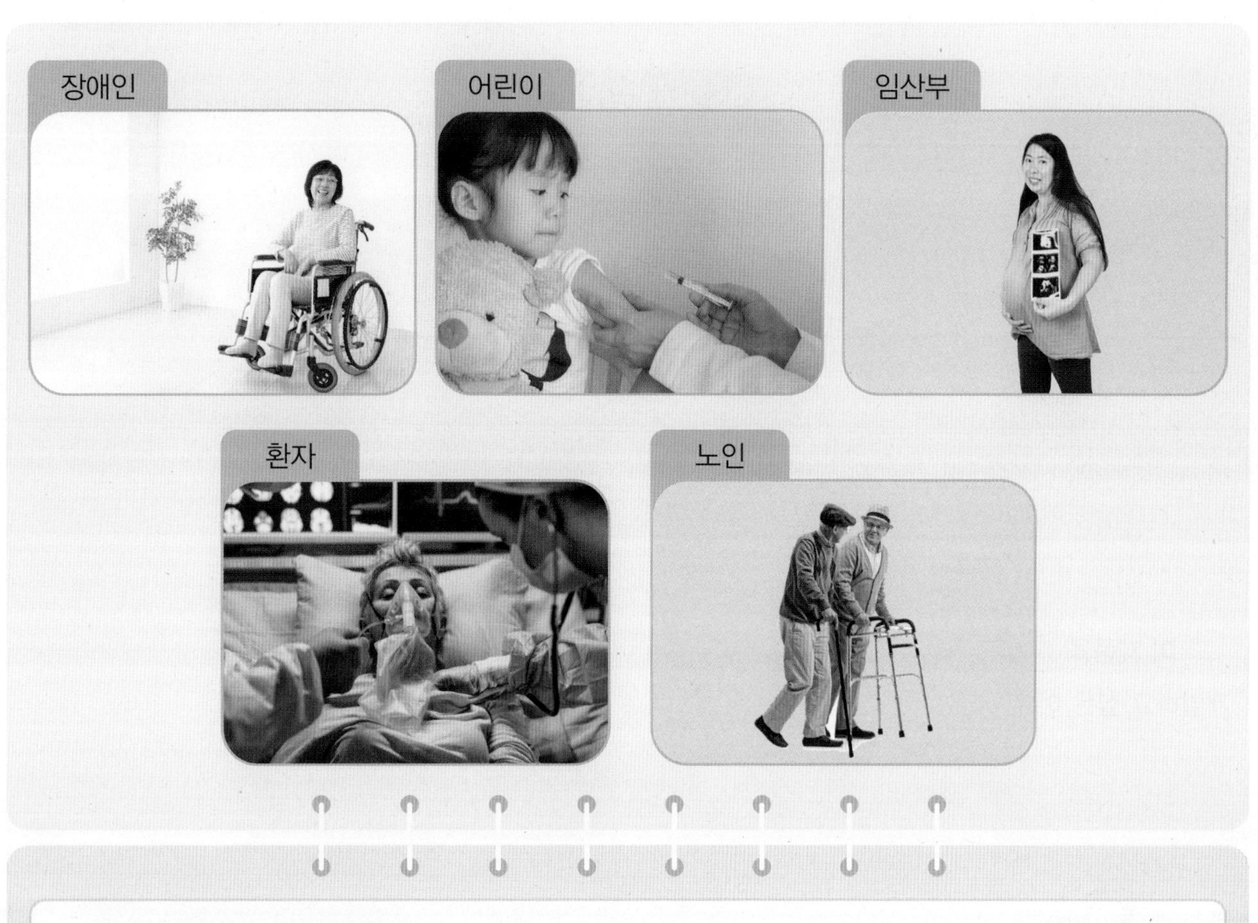

• 우리 모둠이 선택한 집단:

• 우리 모둠이 선택한 집단이 겪는 불편한 점:

나의 의견	모둠원이 선정한 의견

• 바이오메디컬엔지니어가 도와줄 수 있는 방법:

STEP 4 STEP 3 에서 생각한 아이디어를 활용하여 의료 제품을 기획해 봅시다. 

제품 기획안

제품명	
이 제품을 개발하고 싶은 이유	
제품의 특징	

제품 설계도

STEP 5 이번 시간에 활동한 내용을 모둠별로 돌아가면서 발표해 봅시다. 

1 발표를 준비하고 발표 규칙을 지키며 발표해 봅시다.

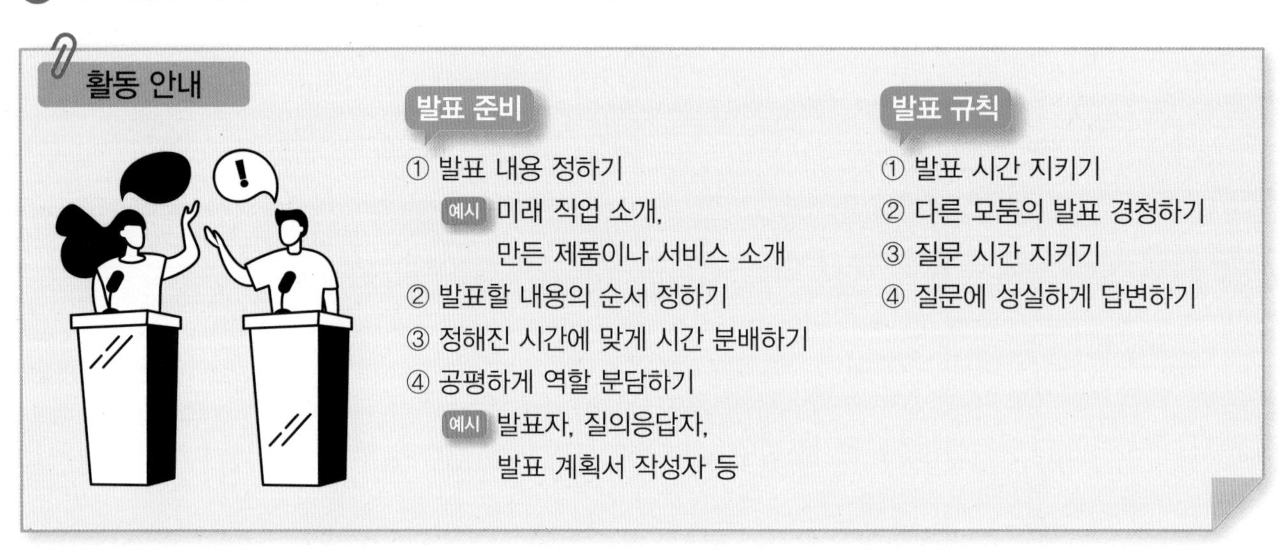

활동 안내

발표 준비

① 발표 내용 정하기
  예시 미래 직업 소개,
  만든 제품이나 서비스 소개
② 발표할 내용의 순서 정하기
③ 정해진 시간에 맞게 시간 분배하기
④ 공평하게 역할 분담하기
  예시 발표자, 질의응답자,
  발표 계획서 작성자 등

발표 규칙

① 발표 시간 지키기
② 다른 모둠의 발표 경청하기
③ 질문 시간 지키기
④ 질문에 성실하게 답변하기

우리 모둠의 역할 분담

이름: 역할:	이름: 역할:	이름: 역할:	이름: 역할:	이름: 역할:

우리 모둠의 발표 주제와 내용

주제:

내용:

② 발표를 듣고 아래 평가 기준을 참고하여 모둠별 평가를 해 봅시다.

평가 기준

발표 내용	• 미래 직업에 대한 조사와 탐구가 잘 이루어졌다. • 바이오메디컬기술이 우리 생활에서 어떻게 활용되는지 잘 설명하였다. • 바이오메디컬기술을 적용한 제품이나 서비스의 아이디어가 창의적이다. • 진로를 계획하는 데 많은 도움을 줄 수 있다.
발표 태도	• 바른 자세와 태도로 발표를 하였다. • 정해진 시간 내에 발표를 마쳤다. • 다른 모둠의 발표를 경청하며 들었다.

모둠 이름	발표 주제와 내용	평가 점수	
		발표 내용	발표 태도
		☆☆☆	☆☆☆
		☆☆☆	☆☆☆
		☆☆☆	☆☆☆
		☆☆☆	☆☆☆
		☆☆☆	☆☆☆
		☆☆☆	☆☆☆

CHECK 평가하기

활동을 마무리하며 나의 학업 성취도를 평가해 봅시다.

평가 기준	별점
• 바이오메디컬엔지니어가 되기 위해 무엇이 필요한지 알았다.	☆☆☆
• 바이오메디컬엔지니어가 할 수 있는 일을 구체적으로 생각했다.	☆☆☆
• 바이오메디컬엔지니어의 일을 바탕으로 새로운 의료 제품을 창의적으로 기획했다.	☆☆☆

♡ 수업에서 가장 흥미로웠던 것을 써 봅시다.

탐구형

05 인공지능로봇개발자

활동 미션 인공지능로봇개발자가 하는 일을 알아보고 인공지능 로봇을 기획한다.

STEP 1	STEP 2	STEP 3	STEP 4	STEP 5
이해하기	탐색하기	적용하기	도전하기	발표하기
10분	10분	25분	25분	20분

STEP 1 영상을 보면서 빈칸을 채워 인공지능의 학습 방법을 설명한 표를 완성해 봅시다.

스스로 생각할 수 있는 기계를 왜 만들었을까? 인공지능의 역사

재생 시간: 5분 7초　　출처: EBS컬렉션-사이언스

왜 인공지능을 만들었을까?

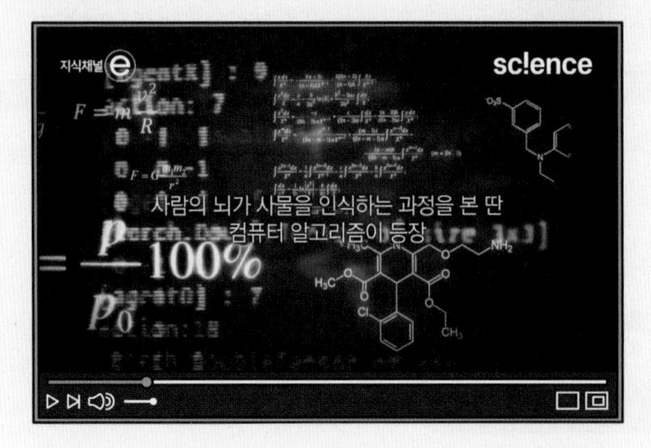

인공지능의 학습 방법

1 ☐☐ 학습	프로그래밍하는 대신 데이터로 학습하고 경험을 통해 개선하도록 훈련하는 것
2 ☐☐ 학습	정답이 있는 데이터를 활용해 학습하는 것
3 ☐☐ 학습	현재 상태에서 어떤 행동이 최적인지를 학습하는 것

STEP 2 인공지능로봇개발자가 되기 위해 필요한 것을 알아봅시다.

❶ 아래 제시문을 보고 인공지능로봇개발자가 하는 일을 한 문장으로 써 봅시다.

- **근무처**: 기업의 연구소, 정부 기관의 연구소, 자동화 시스템 관련 업체 등에서 일한다.
- **주요 업무**: 인간만이 갖고 있는 특징을 이해하고 이를 바탕으로 로봇이 인간처럼 생각하고 의사 결정할 수 있도록 하는 인공지능 프로그램을 연구하거나 개발한다.

❷ 인공지능로봇개발자에게 필요한 능력과 적성 중 내가 자신 있는것에 O 표시해 봅시다.

능력과 적성	내가 자신 있는 것
사람이 어떻게 생각하고 느끼고 판단하는지에 관심이 많다.	
수학과 기계 분야에 관심이 많다.	
끊임없이 새로운 기술에 호기심을 갖고 공부할 수 있다.	
여러 가지 상황에서 논리적으로 정확하게 판단할 수 있다.	
컴퓨터 프로그램을 능숙하게 활용할 수 있다.	

❸ 인공지능로봇개발자가 되려면 어떤 준비를 해야 할지 써 봅시다.

지식	
인성	
자격증	

STEP 3 인공지능 로봇에 대해 더 조사해 보고 새로운 인공지능 로봇 아이디어를 떠올려 봅시다.

❶ 다음 제시된 인공지능 로봇의 특징을 조사하여 써 봅시다.

소셜 로봇

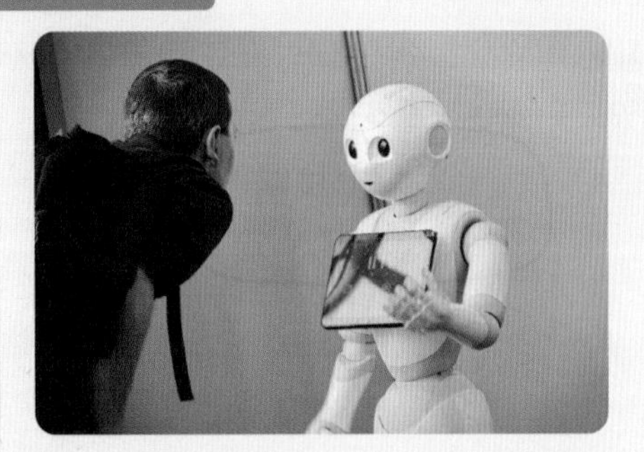

예시

소셜 로봇(Social Robot)은 언어, 몸짓과 같은 사회적 행동으로 사람과 소통하고 교감하는 로봇을 말한다. 소셜 로봇은 사람의 말을 이해하는 수준을 넘어서 카메라를 통해 사람의 얼굴을 살펴본 뒤 심리 상태를 분석해 대화를 하고 감정을 표현하기도 한다. 이러한 소셜 로봇은 인공지능, 빅데이터, 사물 인터넷 등의 신기술을 융합하여 만든다.

로봇 예술가

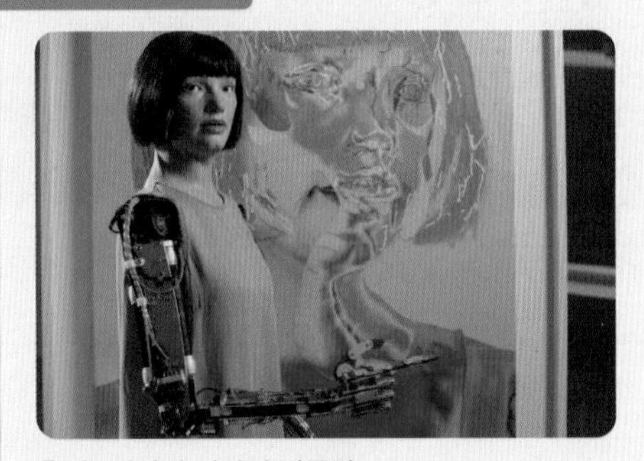

출처: 커티시 디자인 박물관

휴머노이드 로봇

출처: 엔지니어드 아츠

❷ 모둠원들과 함께 제시된 장소 중에서 한 곳을 선택해 보고 그곳에는 어떤 인공지능 로봇이 있으면 좋을지 써 봅시다.

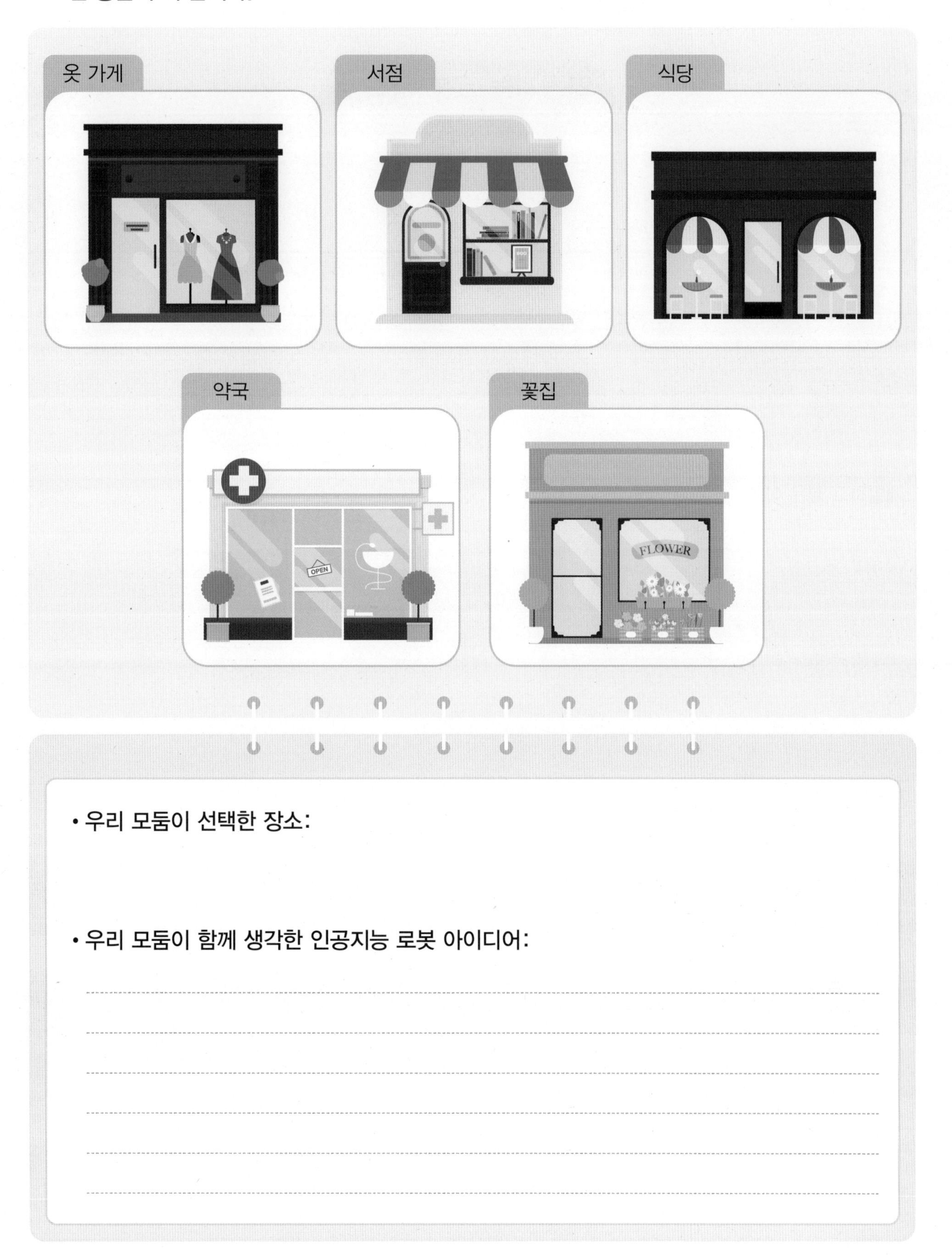

• 우리 모둠이 선택한 장소:

• 우리 모둠이 함께 생각한 인공지능 로봇 아이디어:

STEP 4 인공지능 로봇의 기획안과 설계도를 작성해 봅시다. 

인공지능 로봇 기획안

로봇 이름	
개발하고 싶은 이유	
특징	

인공지능 로봇 설계도

STEP 5 이번 시간에 활동한 내용을 모둠별로 돌아가면서 발표해 봅시다. 

1 발표를 준비하고 발표 규칙을 지키며 발표해 봅시다.

활동 안내

발표 준비

① 발표 내용 정하기
예시 미래 직업 소개,
만든 제품이나 서비스 소개
② 발표할 내용의 순서 정하기
③ 정해진 시간에 맞게 시간 분배하기
④ 공평하게 역할 분담하기
예시 발표자, 질의응답자,
발표 계획서 작성자 등

발표 규칙

① 발표 시간 지키기
② 다른 모둠의 발표 경청하기
③ 질문 시간 지키기
④ 질문에 성실하게 답변하기

우리 모둠의 역할 분담

이름: 역할:	이름: 역할:	이름: 역할:	이름: 역할:	이름: 역할:

우리 모둠의 발표 주제와 내용

주제:

내용:

2 발표를 듣고 아래 평가 기준을 참고하여 모둠별 평가를 해 봅시다.

평가 기준

발표 내용	• 미래 직업에 대한 조사와 탐구가 잘 이루어졌다. • 인공지능 로봇의 특징을 잘 설명하였다. • 인공지능 로봇의 기획안과 설계도가 실용적이고 창의적이다. • 진로를 계획하는 데 많은 도움을 줄 수 있다.
발표 태도	• 바른 자세와 태도로 발표를 하였다. • 정해진 시간 내에 발표를 마쳤다. • 다른 모둠의 발표를 경청하며 들었다.

모둠 이름	발표 주제와 내용	평가 점수	
		발표 내용	발표 태도
		☆☆☆	☆☆☆
		☆☆☆	☆☆☆
		☆☆☆	☆☆☆
		☆☆☆	☆☆☆
		☆☆☆	☆☆☆
		☆☆☆	☆☆☆

CHECK 평가하기 활동을 마무리하며 나의 학업 성취도를 평가해 봅시다.

평가 기준	별점
• 인공지능로봇개발자가 되기 위해 필요한 것을 알았다.	☆☆☆
• 우리 사회에 필요한 새로운 인공지능 로봇의 설계안을 꼼꼼하게 작성했다.	☆☆☆
• 모둠원들과 협력하여 발표 내용을 마련하고 모둠 내 역할을 충실히 수행했다.	☆☆☆

♡ 수업에서 가장 흥미로웠던 것을 써 봅시다.

기업형

06 자율주행자동차법률전문가

활동 미션 자율주행자동차법률전문가가 하는 일을 알아보고 자율주행 문제의 해결 방안을 마련한다.

STEP 1	STEP 2	STEP 3	STEP 4	STEP 5
이해하기 10분	탐색하기 10분	적용하기 25분	도전하기 25분	발표하기 20분

STEP 1 영상을 보고 자율주행 자동차 운행 프로그램 방향을 결정해 봅시다.

트롤리 딜레마, 당신의 선택은?

재생 시간: 4분 57초 **출처:** EBSCulture(EBS 교양)

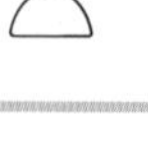

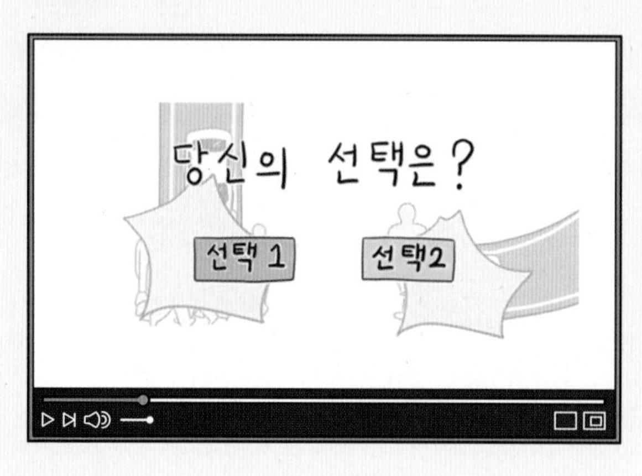

1 자율주행차 운행 프로그램은 보행자 우선으로 설계되어야 한다. ☐

2 자율주행차 운행 프로그램은 운전자 우선으로 설계되어야 한다. ☐

그렇게 생각한 이유:

STEP 2 자율주행자동차법률전문가 되기 위해 필요한 것을 알아봅시다. 

❶ 아래 제시문을 보고 자율주행자동차법률전문가가 하는 일을 한 문장으로 써 봅시다.

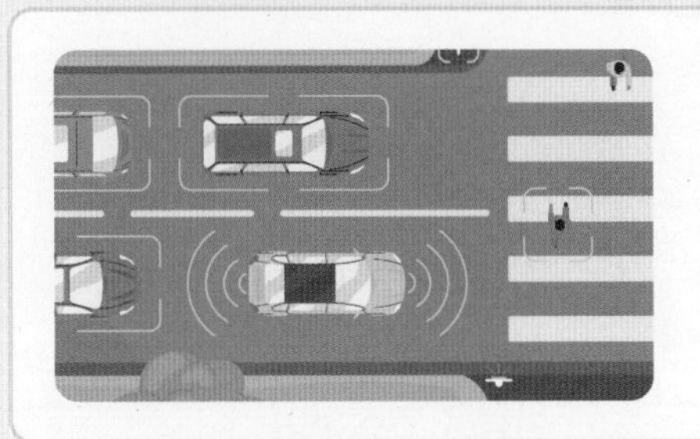

- **근무처**: 법무법인, 법원, 자치단체, 공공기관, 연구소, 일반 기업체 등에서 일을 합니다.
- **주요 업무**: 자율주행차 안전 기준 위반, 자동차 결함 및 사고 발생 시 책임 소재와 같이 복잡하고 다양한 상황에 관한 법률을 조언해 주는 일을 합니다.

❷ 자율주행자동차법률전문가에게 필요한 능력과 적성 중 내가 자신 있는 것에 ○ 표시해 봅시다.

능력과 적성	내가 자신 있는 것
법에 관심이 많고 일상생활에서 법과 규칙을 잘 지킨다.	
누구에게나 공정하고 진실하다.	
다른 사람을 상담하고 설득하는 것을 좋아한다.	
전문 지식의 책을 잘 읽고 이해하며 글을 논리적으로 쓸 수 있다.	
새로운 과학 기술에 관심이 많고 지속적으로 공부할 수 있다.	

❸ 자율주행자동차법률전문가가 되려면 어떤 준비를 해야 할지 써 봅시다.

지식	
인성	
자격증	

STEP 3 자율주행 자동차와 도로에 필요한 장치를 그려 보고 설명해 봅시다.

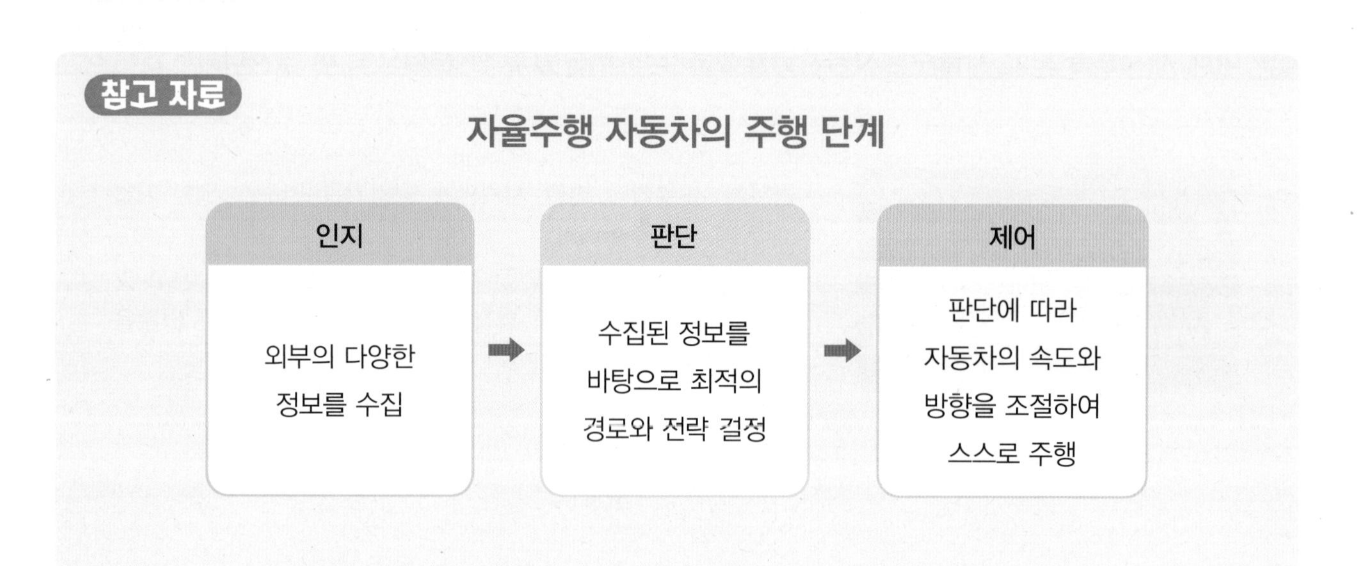

참고 자료
자율주행 자동차의 주행 단계
인지
외부의 다양한 정보를 수집
판단
수집된 정보를 바탕으로 최적의 경로와 전략 결정
제어
판단에 따라 자동차의 속도와 방향을 조절하여 스스로 주행

자율주행 자동차에 필요한 장치

자율주행 자동차 운행을 위한 시설물

STEP 4 자율주행 자동차로 인해 발생할 수 있는 문제를 살펴보고 해결 방안을 생각해 봅시다.

❶ 아래 상황에서 사고의 책임은 누구에게 있는지 생각해 보고 모둠원과 이야기해 봅시다.

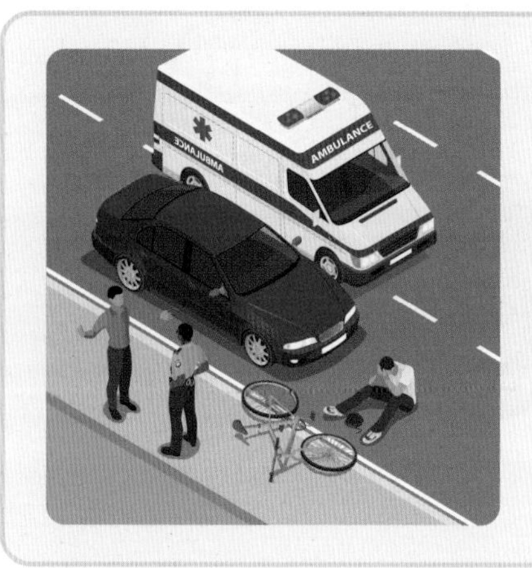

김 씨는 퇴근 시간이 되어 집에 가려고 회사를 나왔다. 회사 건물 앞에는 퇴근하기 전에 미리 스마트폰으로 호출한 김 씨의 자율주행 자동차가 대기하고 있었다. 자율주행 자동차를 타고 집으로 가는 동안 김 씨는 영화를 보며 간식을 먹었다.

그런데 갑자기 '쿵'하고 부딪치는 소리와 함께 자율주행 자동차가 정지하였다. 깜짝 놀란 김 씨는 차에서 내려 어떻게 된 상황인지 확인하였다. 김 씨가 타고 있던 자율주행 자동차가 자전거를 타고 직진하던 박 씨와 충돌하는 사고가 발생하였다. 다행히 큰 사고는 아니었으나 박 씨는 많이 놀랐으며 박 씨의 자전거는 파손되었다.

나의 생각

• 사고의 책임: ☐ 운전자 김 씨 ☐ 자율주행 자동차 개발 회사 ☐ 자율주행 프로그래밍 개발 회사

• 그렇게 생각한 이유:

친구들의 생각

친구 이름	친구 생각	공감 가는 내용

❷ 모둠원과 자율주행 자동차 운행 시 발생할 수 있는 문제점을 더 조사하여 정리해 봅시다.

자율주행 자동차 문제점, 자율주행 자동차 법적 문제, 윤리적 문제

❸ 위에서 살펴본 문제점 중 한 가지를 골라 모둠원과 해결 방안을 생각해 봅시다.

해결 방안

STEP 5 이번 시간에 활동한 내용을 모둠별로 돌아가면서 발표해 봅시다. 

❶ 발표를 준비하고 발표 규칙을 지키며 발표해 봅시다.

활동 안내

발표 준비

① 발표 내용 정하기
예시 미래 직업 소개,
만든 제품이나 서비스 소개
② 발표할 내용의 순서 정하기
③ 정해진 시간에 맞게 시간 분배하기
④ 공평하게 역할 분담하기
예시 발표자, 질의응답자,
발표 계획서 작성자 등

발표 규칙

① 발표 시간 지키기
② 다른 모둠의 발표 경청하기
③ 질문 시간 지키기
④ 질문에 성실하게 답변하기

우리 모둠의 역할 분담

이름: 역할:	이름: 역할:	이름: 역할:	이름: 역할:	이름: 역할:

우리 모둠의 발표 주제와 내용

주제:

내용:

❷ 발표를 듣고 아래 평가 기준을 참고하여 모둠별 평가를 해 봅시다.

평가 기준

발표 내용	• 미래 직업에 대한 조사와 탐구가 잘 이루어졌다. • 자율주행 자동차와 도로에 필요한 장치를 잘 설명하였다. • 자율주행 자동차 운행 시 발생할 수 있는 문제점과 해결 방안을 잘 제시하였다. • 진로를 계획하는 데 많은 도움을 줄 수 있다.
발표 태도	• 바른 자세와 태도로 발표를 하였다. • 정해진 시간 내에 발표를 마쳤다. • 다른 모둠의 발표를 경청하며 들었다.

모둠 이름	발표 주제와 내용	평가 점수	
		발표 내용	발표 태도
		☆☆☆	☆☆☆
		☆☆☆	☆☆☆
		☆☆☆	☆☆☆
		☆☆☆	☆☆☆
		☆☆☆	☆☆☆
		☆☆☆	☆☆☆

활동을 마무리하며 나의 학업 성취도를 평가해 봅시다.

평가 기준	별점
• 자율주행자동차법률전문가가 되기 위해 필요한 것을 알았다.	☆☆☆
• 자율주행 자동차에 대한 이해를 바탕으로 자율주행 자동차의 문제점을 알아보고 해결 방안을 생각했다.	☆☆☆
• 모둠원들과 협력하여 발표 내용을 마련하고 모둠 내 역할을 충실히 수행했다.	☆☆☆

♡ 수업에서 가장 흥미로웠던 것을 써 봅시다.

기업형

07 빅데이터마케터

활동 미션 빅데이터마케터가 하는 일을 알아보고 빅데이터를 활용한 문제 해결 과정을 체험한다.

STEP 1	STEP 2	STEP 3	STEP 4	STEP 5
이해하기	탐색하기	적용하기	도전하기	발표하기
10분	10분	25분	25분	20분

STEP 1 영상을 보면서 빈칸을 채워 빅데이터에 대한 설명을 완성해 봅시다.

미래의 석유?! 4차 산업혁명의 핵심 기술, 빅데이터

재생 시간: 3분 37초까지 시청 출처: 국가인적자원개발컨소시엄

1 빅데이터란 ☐☐☐ 환경에서 생성되는 모든 데이터가 포함된 대규모의 데이터를 말한다.

2 빅데이터와 관련된 직업에는 빅데이터 ☐☐☐, 빅데이터 엔지니어, 빅데이터 개발자, 데이터 사서, 빅데이터 큐레이터 등이 있다.

STEP 2 빅데이터마케터가 되기 위해 필요한 것을 알아봅시다.

❶ 아래 제시문을 보고, 빅데이터마케터가 하는 일을 한 문장으로 써 봅시다.

- **근무처**: 빅데이터마케터는 백화점, 마트, 은행, 병원 등 거의 모든 분야의 기업에서 일을 한다.
- **주요 업무**: 수많은 데이터를 수집하여 사람들의 행동이나 시장의 변화 등을 분석하고 이를 시각화하여 제공하며, 데이터 분석 결과를 바탕으로 마케팅 전략을 세운다.

❷ 빅데이터마케터에게 필요한 능력과 적성 중 내가 자신 있는 것에 ○ 표시해 봅시다.

능력과 적성	내가 자신 있는 것
작은 일에도 꼼꼼하게 주의를 기울인다.	
수학적 감각이 발달해 있으며, 컴퓨터 프로그램을 잘 사용한다.	
어떤 일을 밀고 나가는 실행력과 추진력이 있다.	
체계적이고 논리적으로 생각한다.	
호기심이 많으며 끊임없이 연구하는 것을 좋아한다.	

❸ 빅데이터마케터가 되려면 어떤 준비를 해야 할지 써 봅시다.

지식	
인성	
자격증	

STEP 3 일상생활에서 빅데이터가 적용된 사례를 모둠원과 찾아 써 봅시다. 

빅데이터 활용, 빅데이터 사례, 빅데이터 마케팅 

N 버스

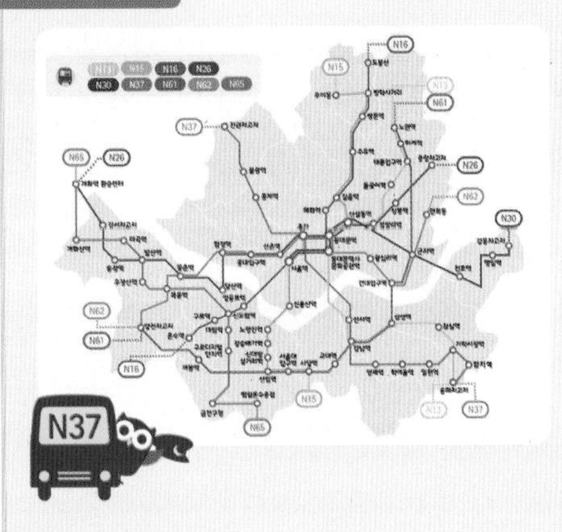

예시

서울시에서는 2013년 9월 12일에 서울 심야버스를 신설하였다. 심야버스의 바탕색은 짙은 파란색이며, 숫자 앞에 N이 추가된다. 별명은 올빼미버스로 번호 체계는 N + 기점 권역 + 종점 권역으로 한다.

올빼미버스는 서울시가 늦은 시간에 통행량이 가장 많은 지역의 빅데이터를 분석하고, 그 결과에 따라 왼쪽 지도와 같은 노선을 정한 것이다.

STEP 4 데이터를 활용하여 연희의 슈퍼마켓에서 생긴 문제를 해결해 봅시다. 

1 다음 글을 보고 모둠원과 연희네 슈퍼마켓에서 생긴 문제와 이를 해결할 수 있는 방법을 써 봅시다.

연희의 고민

연희의 아버지는 연희가 다니는 학교 근처에서 오랫동안 슈퍼마켓을 운영하셨다. 그런데 요즘 슈퍼마켓에 손님들의 발길이 뚝 끊겼다. 바로 학교 주변에 새로 생긴 편의점들 때문이다.

연희는 슈퍼마켓의 매출이 줄어 시름이 깊어 가는 아버지를 도울 방법이 없을까 고민하던 중 인터넷 기사가 눈에 들어왔다. "아! 이거다!"

연희는 친구들과 함께 '빅데이터'를 조사하여 분석한 뒤 슈퍼마켓의 상품 배치를 바꾸자고 아버지께 말씀드리기로 하였다.

연희가 찾은 인터넷 기사

편의점 상품 진열에도 공식이 있다

대부분의 편의점에서는 매출의 가장 높은 부분을 차지하는 음료를 매장 가장 안쪽에 배치한다. 음료를 사러 온 고객을 최대한 안쪽으로 유도하여 다른 물건까지 함께 구매하게 만들기 위해서이다. 또한 신제품과 가장 잘 팔리는 상품은 고객이 진열대 앞에 섰을 때의 눈높이와 손으로 물건을 잡기에 가장 쉬운 위치에 진열한다. 편의점의 상품 진열은 상점이 위치하는 지역과 주 고객층, 계절, 날씨 등에 따라서도 달라진다.

연희네 슈퍼마켓에 생긴 문제

주변에 새로 생긴 편의점 때문에 매출이 줄었다.

해결할 수 있는 방법

❷ 슈퍼마켓을 찾는 고객의 구매 성향을 조사할 설문지를 만들어 설문 조사를 해 봅시다.

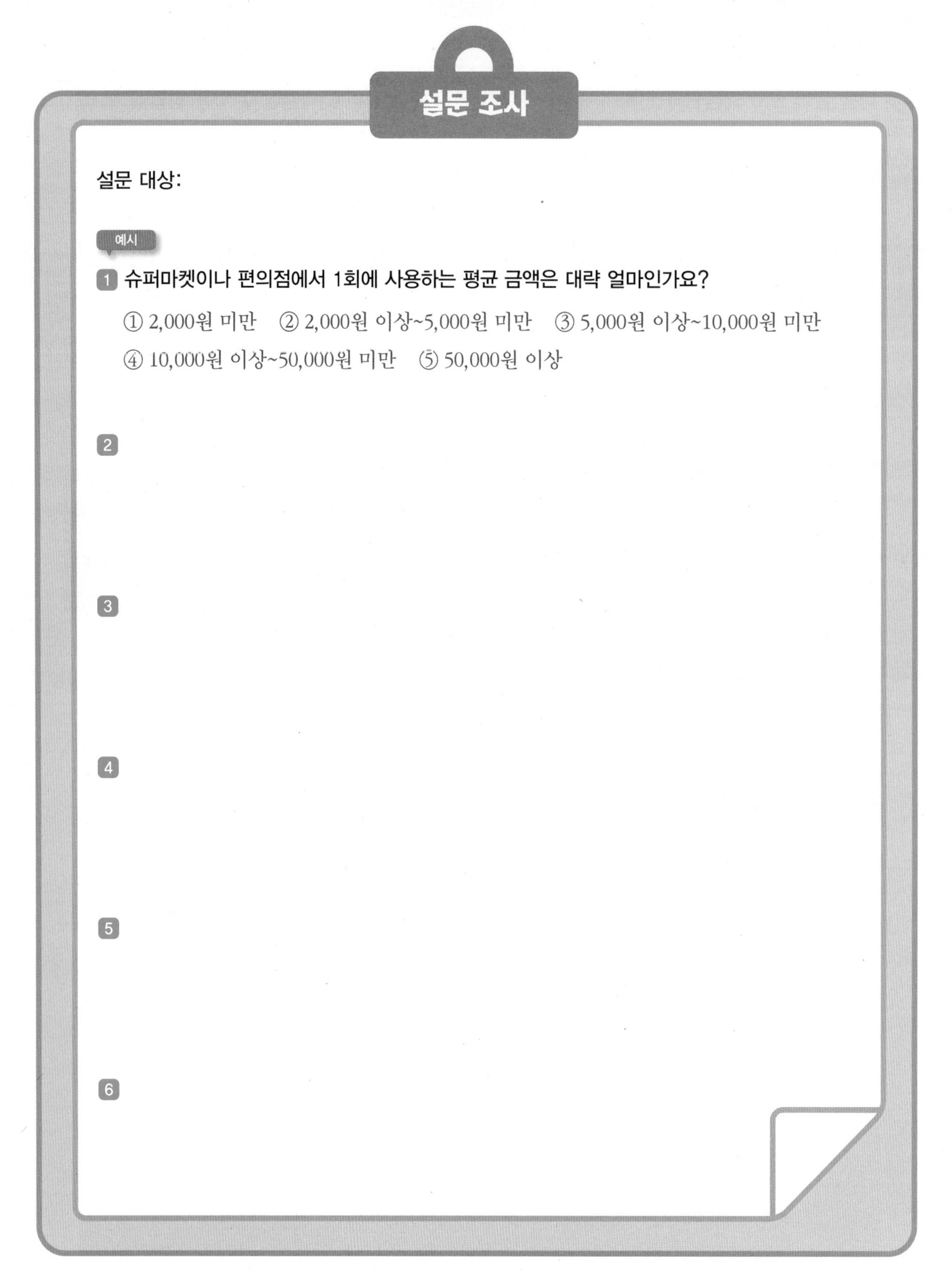

설문 조사

설문 대상:

예시

1 슈퍼마켓이나 편의점에서 1회에 사용하는 평균 금액은 대략 얼마인가요?

① 2,000원 미만　② 2,000원 이상~5,000원 미만　③ 5,000원 이상~10,000원 미만
④ 10,000원 이상~50,000원 미만　⑤ 50,000원 이상

2

3

4

5

6

❸ 설문 조사 결과 데이터를 토대로 연희네는 상품을 어떻게 진열하면 좋을지 평면도를 그려 봅시다.

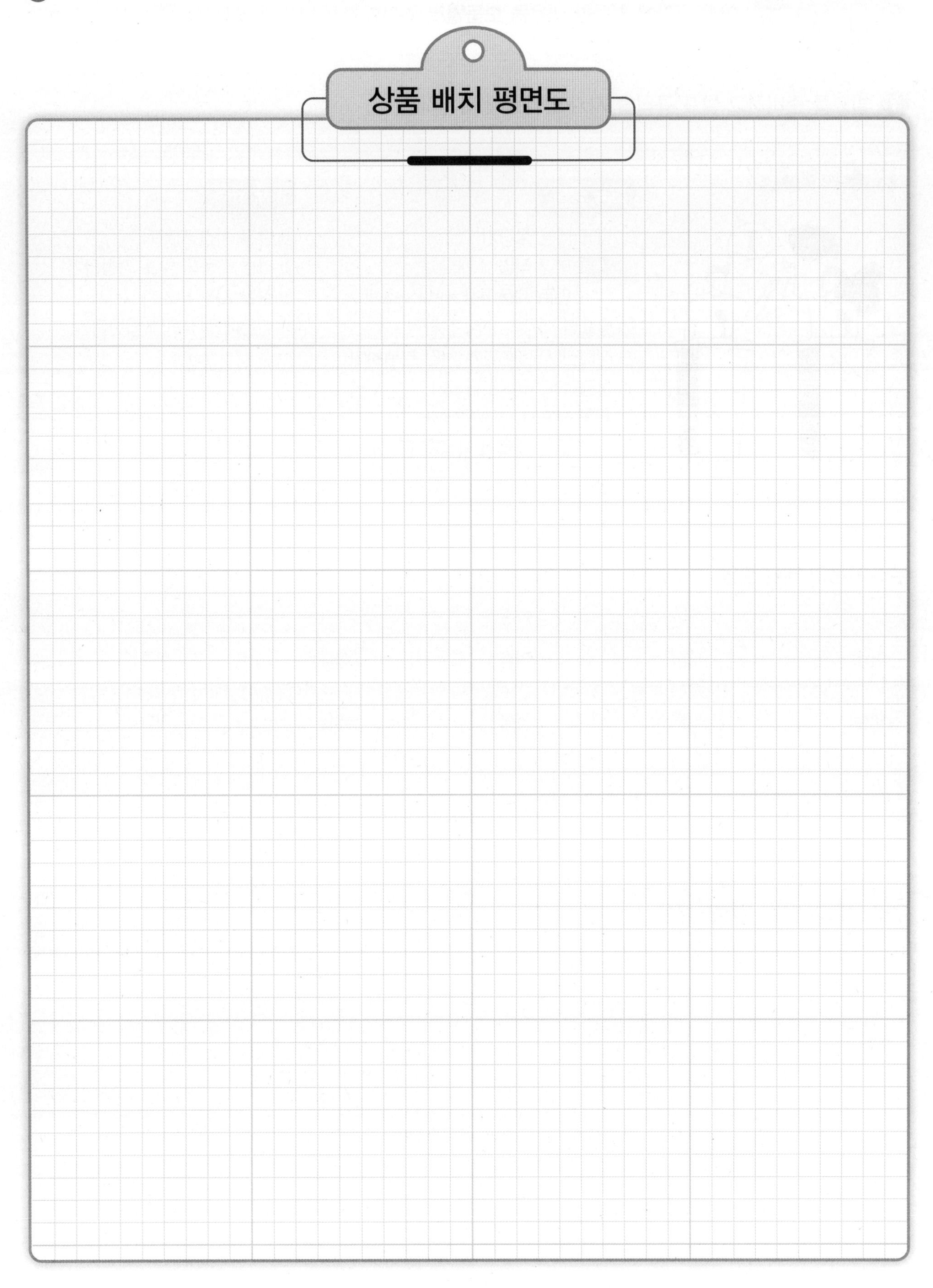

STEP 5 이번 시간에 활동한 내용을 모둠별로 돌아가면서 발표해 봅시다. 

❶ 발표를 준비하고 발표 규칙을 지키며 발표해 봅시다.

활동 안내

발표 준비
① 발표 내용 정하기
　예시 미래 직업 소개,
　　　만든 제품이나 서비스 소개
② 발표할 내용의 순서 정하기
③ 정해진 시간에 맞게 시간 분배하기
④ 공평하게 역할 분담하기
　예시 발표자, 질의응답자,
　　　발표 계획서 작성자 등

발표 규칙
① 발표 시간 지키기
② 다른 모둠의 발표 경청하기
③ 질문 시간 지키기
④ 질문에 성실하게 답변하기

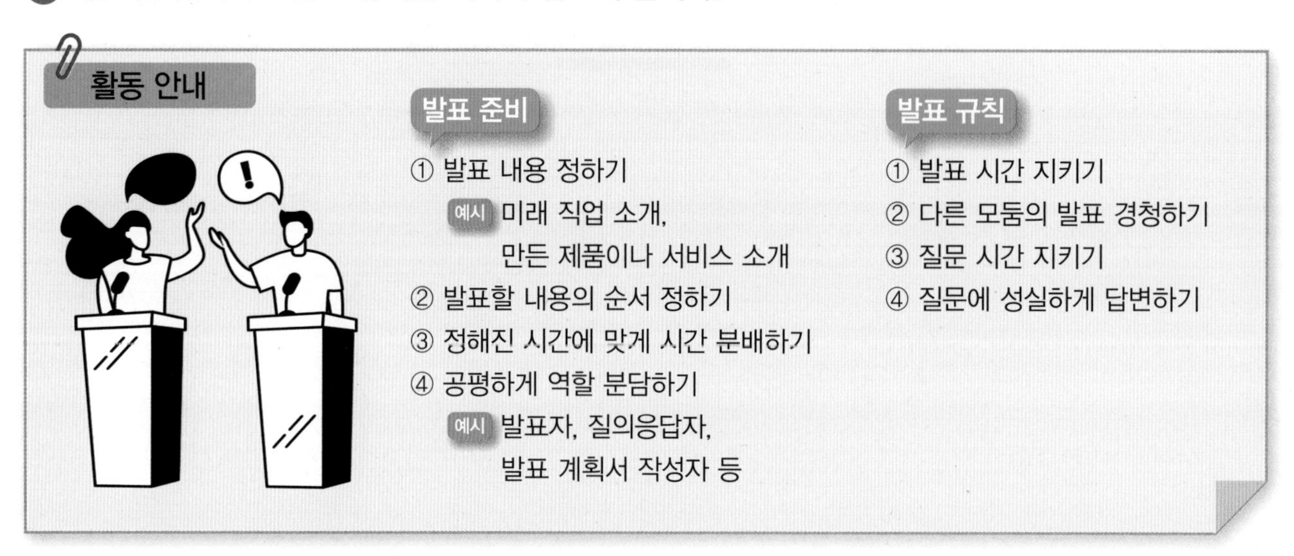

우리 모둠의 역할 분담

이름: 역할:	이름: 역할:	이름: 역할:	이름: 역할:	이름: 역할:

우리 모둠의 발표 주제와 내용

주제:

내용:

2 발표를 듣고 아래 평가 기준을 참고하여 모둠별 평가를 해 봅시다.

평가 기준

발표 내용	• 미래 직업에 대한 조사와 탐구가 잘 이루어졌다. • 빅데이터가 우리 생활에서 어떻게 활용되는지 잘 설명하였다. • 데이터에 기반하여 제작한 상품 배치 평면도가 매력적이다. • 진로를 계획하는 데 많은 도움을 줄 수 있다.
발표 태도	• 바른 자세와 태도로 발표를 하였다. • 정해진 시간 내에 발표를 마쳤다. • 다른 모둠의 발표를 경청하며 들었다.

모둠 이름	발표 주제와 내용	평가 점수	
		발표 내용	발표 태도
		☆☆☆	☆☆☆
		☆☆☆	☆☆☆
		☆☆☆	☆☆☆
		☆☆☆	☆☆☆
		☆☆☆	☆☆☆
		☆☆☆	☆☆☆

CHECK 평가하기

활동을 마무리하며 나의 학업 성취도를 평가해 봅시다.

평가 기준	별점
• 빅데이터마케터가 되기 위해 필요한 것을 알았다.	☆☆☆
• 수집한 데이터를 활용하여 문제를 해결하기 위한 상품 배치 평면도를 작성했다.	☆☆☆
• 모둠원들과 협력하여 발표 내용을 마련하고 모둠 내 역할을 충실히 수행했다.	☆☆☆

수업에서 가장 흥미로웠던 것을 써 봅시다.

관습형

08 지식재산전문가

활동 미션 지식재산전문가가 하는 일을 알아보고 특허 등록 신청서를 작성한다.

STEP 1	STEP 2	STEP 3	STEP 4	STEP 5
이해하기	탐색하기	적용하기	도전하기	발표하기
10분	10분	25분	25분	20분

STEP 1 영상을 보면서 빈칸을 채워 지식재산권에 대한 설명을 완성해 봅시다.

지식재산 식스센스 – 지식재산권 보호의 중요성

재생 시간: 2분 39초 출처: 한국지식재산보호원

1 지식재산권이란 인간의 지식 창작 활동의 결과로 생기는 모든 ☐☐☐☐에 대한 권리를 말한다.

2 지식재산권의 종류에는 산업재산권, ☐☐☐, 신지식재산권이 있다.

STEP 2 지식재산전문가가 되기 위해 필요한 것을 알아봅시다.

❶ 아래 제시문을 보고, 지식재산전문가가 하는 일을 한 문장으로 써 봅시다.

- 특허, 브랜드, 디자인 등 지적 활동으로 발생하는 지식재산을 보호할 수 있도록 도와준다.
- 새로운 기술이나 서비스 등을 분석하여 지식재산을 보호할 수 있는 방법을 계획한다.
- 지식재산을 사업화하여 거래할 수 있게 하고, 이에 대한 이용료를 측정한다.
- 지식재산과 관련된 법적 분쟁 해결을 위한 전문적인 조언을 해 준다.

❷ 지식재산전문가에게 필요한 능력과 적성 중 내가 자신 있는 것에 ○ 표시해 봅시다.

능력과 적성	내가 자신 있는 것
창의적이고 복합적으로 생각할 수 있다.	
맡은 일에 책임감이 강하다.	
새로운 것을 탐구하고 분석하는 것을 즐긴다.	
체계적이고 논리적인 사고를 한다.	
어떤 일에 대해 미리 대비하는 성격이다.	

❸ 지식재산전문가가 되려면 어떤 준비를 해야 할지 써 봅시다.

지식	
인성	
자격증	

STEP 3 지식재산권에 대해 더 알아봅시다.

❶ 모둠별로 지식재산권 보호 실천 서약서를 작성하여 발표해 봅시다.

지식재산권 보호 실천 서약서

우리는 지식재산권 보호를 위해 아래와 같이 약속합니다.

예시 친구에게 무단으로 MP3 음원 파일을 전달하지 않겠습니다.

①

②

③

앞으로 지식재산 보호에 앞장서고 위 내용을 실천할 것을 약속합니다.

년 월 일

(인) (인)

(인) (인)

(인) (인)

2 예시처럼 한 가지 상품을 정하여 지식재산권의 다양한 형태를 이해해 봅시다.

예시

종류	그림	내용
특허권		지금까지 세상에 존재하지 않았던 컵을 누군가 최초로 만들었다.
실용신안권		이미 발명된 컵에 손잡이를 붙여서 더욱 편리하게 개선하였다.
디자인권		컵의 모양(길쭉한 모양), 재질(거친 재질)을 다르게 만들었다.
상표권		다른 회사의 컵과 구별할 수 있는 상표로 만들었다.

내가 정한 상품

종류	그림	내용

STEP 4 모둠원과 함께 지식재산전문가가 되어 특허 등록을 위한 신청서를 작성해 봅시다.

예시

특허 등록 신청서

디자인 대상이 되는 물품	머그컵
디자인 설명	① 컵의 재질은 사기이다. ② 이 디자인은 음료를 담기 위한 그릇으로 사용된다. ③ 이 디자인은 심플하여 컵을 실용적으로 사용할 수 있다.
디자인 창작 내용의 요점	① 이 디자인은 원통 모형에 손잡이가 달린 컵이다. ② 기존의 일반적인 컵 디자인과는 달리 컵 안에 쿠키도 함께 담을 수 있어 매우 실용적이다.
디자인 그림	

특허 등록 신청서

디자인 대상이 되는 물품	
디자인 설명	
디자인 창작 내용의 요점	
디자인 그림	

STEP 5 이번 시간에 활동한 내용을 모둠별로 돌아가면서 발표해 봅시다. 

1 발표를 준비하고 발표 규칙을 지키며 발표해 봅시다.

활동 안내

발표 준비

① 발표 내용 정하기
예시 미래 직업 소개,
만든 제품이나 서비스 소개
② 발표할 내용의 순서 정하기
③ 정해진 시간에 맞게 시간 분배하기
④ 공평하게 역할 분담하기
예시 발표자, 질의응답자,
발표 계획서 작성자 등

발표 규칙

① 발표 시간 지키기
② 다른 모둠의 발표 경청하기
③ 질문 시간 지키기
④ 질문에 성실하게 답변하기

우리 모둠의 역할 분담

이름: 역할:	이름: 역할:	이름: 역할:	이름: 역할:	이름: 역할:

우리 모둠의 발표 주제와 내용

주제:

내용:

❷ 발표를 듣고 아래 평가 기준을 참고하여 모둠별 평가를 해 봅시다.

평가 기준

발표 내용	• 지식재산전문가가 하는 일을 알기 쉽게 설명하였다. • 특허 등록을 위한 신청서 항목을 빠짐없이 작성하였다. • 진로를 계획하는 데 많은 도움을 줄 수 있다.
발표 태도	• 바른 자세와 태도로 발표를 하였다. • 정해진 시간 내에 발표를 마쳤다. • 다른 모둠의 발표를 경청하며 들었다.

모둠 이름	발표 주제와 내용	평가 점수	
		발표 내용	발표 태도
		☆☆☆	☆☆☆
		☆☆☆	☆☆☆
		☆☆☆	☆☆☆
		☆☆☆	☆☆☆
		☆☆☆	☆☆☆
		☆☆☆	☆☆☆

CHECK 평가하기

활동을 마무리하며 나의 학업 성취도를 평가해 봅시다.

평가 기준	별점
• 지식재산전문가가 되기 위해 필요한 것을 알았다.	☆☆☆
• 지식재산권에 대한 이해를 바탕으로 특허 등록 신청서를 꼼꼼하게 작성했다.	☆☆☆
• 모둠원들과 협력하여 발표 내용을 마련하고 모둠 내 역할을 충실히 수행했다.	☆☆☆

♡ 수업에서 가장 흥미로웠던 것을 써 봅시다.

관습형

09 스마트팜컨설턴트

활동 미션 스마트팜컨설턴트가 하는 일을 알아보고 현대화된 스마트팜을 설계한다.

STEP 1	STEP 2	STEP 3	STEP 4	STEP 5
이해하기	탐색하기	적용하기	도전하기	발표하기
10분	10분	25분	25분	20분

STEP 1 영상을 보면서 스마트팜에 대한 장점으로 옳은 것을 모두 골라 봅시다.

"농사는 과학입니다" 4차 혁명 시대 한국 농사법
재생 시간: 4분 43초　　출처: 스브스뉴스

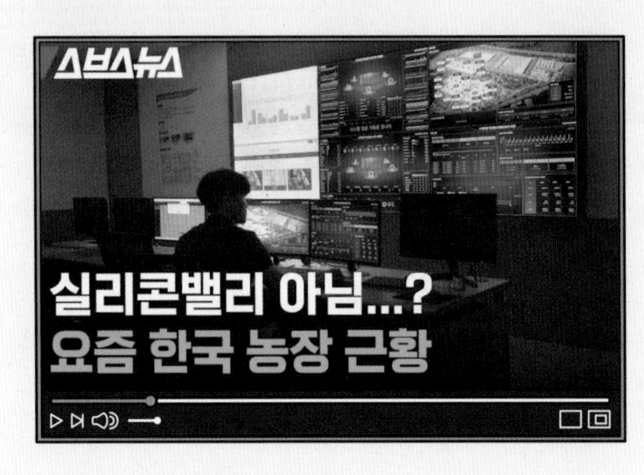

스마트팜의 장점

1 환경을 제어할 수 있다. ☐

2 날씨와 상관없이 작업이 가능하다. ☐

3 사람의 노동력이 전혀 들어가지 않는다. ☐

4 초기 투자 비용이 적다. ☐

STEP 2 스마트팜컨설턴트가 되기 위해 필요한 것을 알아봅시다. 

❶ 아래 제시문을 보고, 스마트팜컨설턴트가 하는 일을 한 문장으로 써 봅시다.

- **근무처**: 시설 원예(비닐하우스나 유리온실을 이용한 농업)나 축산업에 종사하는 농가를 대상으로 주로 활동한다.
- **주요 업무**: 정보통신기술을 활용하여 농가 시설을 현대화하고, 농민들에게 스마트팜 설계부터 운영 과정에 대하여 조언하고 지도하는 역할을 한다. 또한 스마트팜 도입을 원하는 농민을 위하여 스마트팜에 대하여 교육하고 전문적인 도움을 준다.

❷ 스마트팜컨설턴트가 되려면 어떤 분야를 공부해야 하는지 알아봅시다.

고등학교	화학이나 물리, 농업 기초 기술과 같은 과목을 들으며 스마트팜컨설턴트가 되기 위한 기초 지식을 배운다.
대학교	스마트팜 관련 기술을 직접적으로 교육하는 전공은 없으나 농학이나 바이오시스템공학, 생물산업기계공학 등을 전공하면 스마트팜컨설턴트가 되는 데 유리하다.
기타 훈련 과정	정부 기관에서 청년 농업인을 육성하기 위한 다양한 프로그램을 운영하고 있다. 이 과정을 통하여 작물 재배 기술, 스마트 기기 운용, 온실 관리와 경영 등에 관한 기초를 배우고 실습까지 할 수 있다.

❸ 10년 후 이 직업에 대한 인식이 어떠할지 예상해 봅시다.

STEP 3 스마트팜 기술이 적용된 현재의 농업을 이해하고 미래의 농업을 예상해 봅시다.

1 영상을 보고 스마트팜 기술이 현재 우리 생활에 어떻게 이용되고 있는지 써 봅시다.

스마트 과수로 운영하는 농장
재생 시간: 3분 49초까지 시청
출처: 농림축산식품부

축산이와 알아보는 '스마트팜 농업' 이야기
재생 시간: 2분 42초까지 시청
출처: 국립축산과학원

과수원

돼지 농장

❷ 모둠원들과 스마트팜 기술로 미래의 농업은 어떻게 바뀔지 그려 보고 이야기해 봅시다.

예시
스마트팜컨설턴트의 도움으로 전문 농업인이 아니더라도 누구든지 농사를 지을 수 있게 된다. 또한 최첨단 스마트팜 기술을 이용하여 날씨에 제한 없이 싱싱하고 맛있는 채소를 재배할 수 있게 된다.

❸ 가장 공감이 가는 모둠 친구의 이름과 좋았던 점 · 아쉬운 점을 적고, 공감 점수를 표시해 봅시다.

친구 이름	좋았던 점	아쉬운 점	공감 점수
			★★★★★
			★★★★★
			★★★★★

STEP 4 스마트팜컨설턴트에게 필요한 역량을 바탕으로 스마트팜을 설계해 봅시다. 

❶ 스마트팜컨설턴트가 갖추어야 할 역량에는 무엇이 있는지 〈스마트팜컨설턴트의 핵심 역량 트리〉의 빈칸을 채우고 친구들과 이야기해 봅시다.

이런 능력이 필요해요

스마트팜컨설턴트는 식물과 동물에 딱 맞는 환경을 만들어야 하는 만큼 농업과 축산업에 대한 깊은 이해가 필요하다. 또한 농업인들을 설득하여 정밀 농업을 보급하고 판매하기 때문에 설득력과 인내심도 필요하다.

스마트팜컨설턴트의 핵심 역량 트리

② 스마트팜컨설턴트가 되어 사진 속 농가를 현대화하기 위한 설계를 해 봅시다.

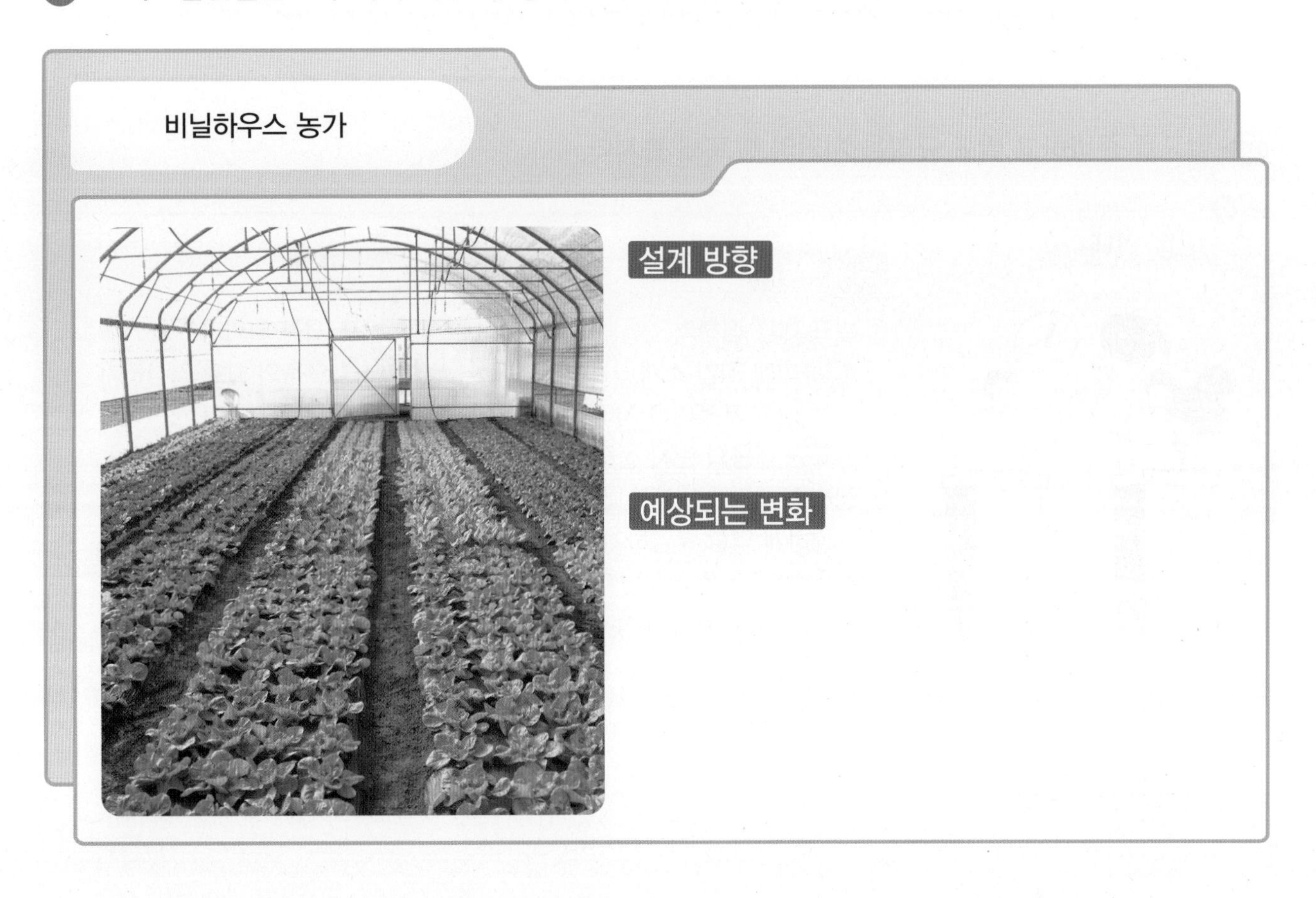

비닐하우스 농가
설계 방향
예상되는 변화

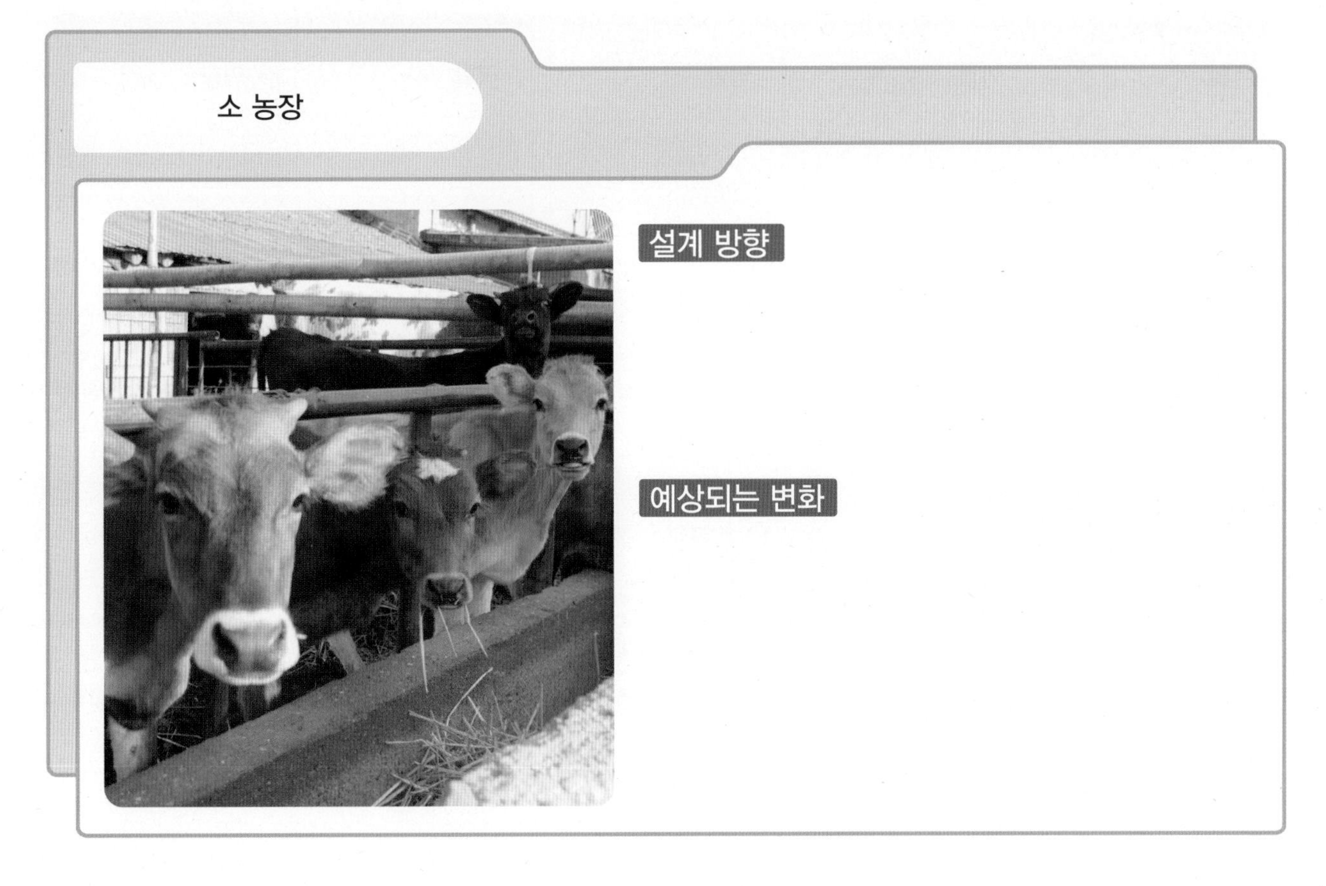

STEP 5 이번 시간에 활동한 내용을 모둠별로 돌아가면서 발표해 봅시다.

❶ 발표를 준비하고 발표 규칙을 지키며 발표해 봅시다.

활동 안내

발표 준비

① 발표 내용 정하기
  예시 미래 직업 소개, 만든 제품이나 서비스 소개
② 발표할 내용의 순서 정하기
③ 정해진 시간에 맞게 시간 분배하기
④ 공평하게 역할 분담하기
  예시 발표자, 질의응답자, 발표 계획서 작성자 등

발표 규칙

① 발표 시간 지키기
② 다른 모둠의 발표 경청하기
③ 질문 시간 지키기
④ 질문에 성실하게 답변하기

우리 모둠의 역할 분담

이름:	이름:	이름:	이름:	이름:
역할:	역할:	역할:	역할:	역할:

우리 모둠의 발표 주제와 내용

주제:

내용:

2 발표를 듣고 아래 평가 기준을 참고하여 모둠별 평가를 해 봅시다.

평가 기준

발표 내용	• 스마트팜컨설턴트에 대한 조사와 탐구가 잘 이루어졌다. • 스마트팜 기술이 적용된 현재와 미래의 농업을 잘 설명하였다. • 스마트팜을 효과적으로 잘 설계하였다. • 진로를 계획하는 데 많은 도움을 줄 수 있다.
발표 태도	• 바른 자세와 태도로 발표를 하였다. • 정해진 시간 내에 발표를 마쳤다. • 다른 모둠의 발표를 경청하며 들었다.

모둠 이름	발표 주제와 내용	평가 점수	
		발표 내용	발표 태도
		☆☆☆	☆☆☆
		☆☆☆	☆☆☆
		☆☆☆	☆☆☆
		☆☆☆	☆☆☆
		☆☆☆	☆☆☆
		☆☆☆	☆☆☆

CHECK 평가하기 활동을 마무리하며 나의 학업 성취도를 평가해 봅시다.

평가 기준	별점
• 스마트팜컨설턴트가 되기 위해 필요한 것을 알았다.	☆☆☆
• 스마트팜에 대한 이해를 바탕으로 스마트팜을 설계했다.	☆☆☆
• 모둠원들과 협력하여 발표 내용을 마련하고 모둠 내 역할을 충실히 수행했다.	☆☆☆

♡ 수업에서 가장 흥미로웠던 것을 써 봅시다.

실재형

10 범죄예방환경전문가

활동 미션 범죄예방환경전문가가 하는 일을 알아보고 범죄 예방 환경 설계안을 작성한다.

STEP 1	STEP 2	STEP 3	STEP 4	STEP 5
이해하기	탐색하기	적용하기	도전하기	발표하기
10분	10분	25분	25분	20분

STEP 1 영상을 보면서 빈칸을 채워 셉테드(CPTED)에 대한 설명을 완성해 봅시다.

우리 주변에 있는 이것들, 왜 만들었을까?

재생 시간: 1분 4초 출처: 범죄예방365

1 셉테드(CPTED)란 ☐☐ ☐☐을/를 위한 환경 설계를 말한다.

2 우리 주변의 벽화, 비상벨, 밤거리를 밝혀 주는 ☐☐와/과 같은 시설물과 작품들이 셉테드의 결과물이다.

STEP 2 범죄예방환경전문가가 되기 위해 필요한 것을 알아봅시다.

1 아래 Q&A를 보고 범죄예방환경전문가가 하는 일을 한 문장으로 써 봅시다.

Q 범죄예방환경전문가는 처음에 어떻게 등장했는가?

A 범죄가 한 번 발생한 지역은 범죄 발생 이전 상태로 되돌릴 수 없기 때문에 처음부터 범죄가 일어나지 못하도록 건축물이나 시설물을 설계해야 한다. 이렇게 도시 전체를 안전하게 디자인하는 작업을 '범죄 예방 환경 설계(CPTED · 셉테드)'라고 한다. 셉테드는 1960년대 미국에서 처음 등장했고, 1990년대에는 뉴욕에 적용되었다. 그 결과 범죄율을 절반 이하로 낮추는 효과를 냈다.

Q 범죄예방환경전문가는 어떤 일을 하는가?

A 범죄예방환경전문가는 셉테드를 수행하면서 도시 계획을 세울 수 있도록 도와준다. 우선 특정 지역의 범죄 현황 자료를 검토하고 현장에 나가 상황을 정확히 파악하는데, 이 과정에서 마을 구성원과 경찰, 범죄 분석전문가 등과 협력하기도 한다. 주민들이 관심을 갖지 않으면 셉테드의 효과가 유지되기 어렵기 때문에 지역 주민의 참여를 이끌어내는 것이 특히 중요하다.

2 범죄예방환경전문가에게 필요한 능력과 적성 중 내가 자신 있는 것에 ○ 표시해 봅시다.

능력과 적성	내가 자신 있는 것
주변 사람들에 대해 관심이 많다.	
도시 환경이나 디자인에 대해 관심이 많다.	
인터넷이나 다양한 서적을 통해 자료 수집하기를 좋아한다.	
새로운 것을 구상할 수 있는 창의적 사고를 지니고 있다.	
다양한 지역과 도시 곳곳을 돌아다닐 수 있는 강한 체력을 지니고 있다.	

3 범죄예방환경전문가가 되려면 어떤 준비를 해야 할지 써 봅시다.

지식	
인성	
자격증	

STEP 3 범죄 예방 환경 설계에 대해 더 조사해 봅시다.

❶ 범죄 예방 환경 설계가 적용될 수 있는 장소를 떠올리고 말풍선에 써 봅시다.

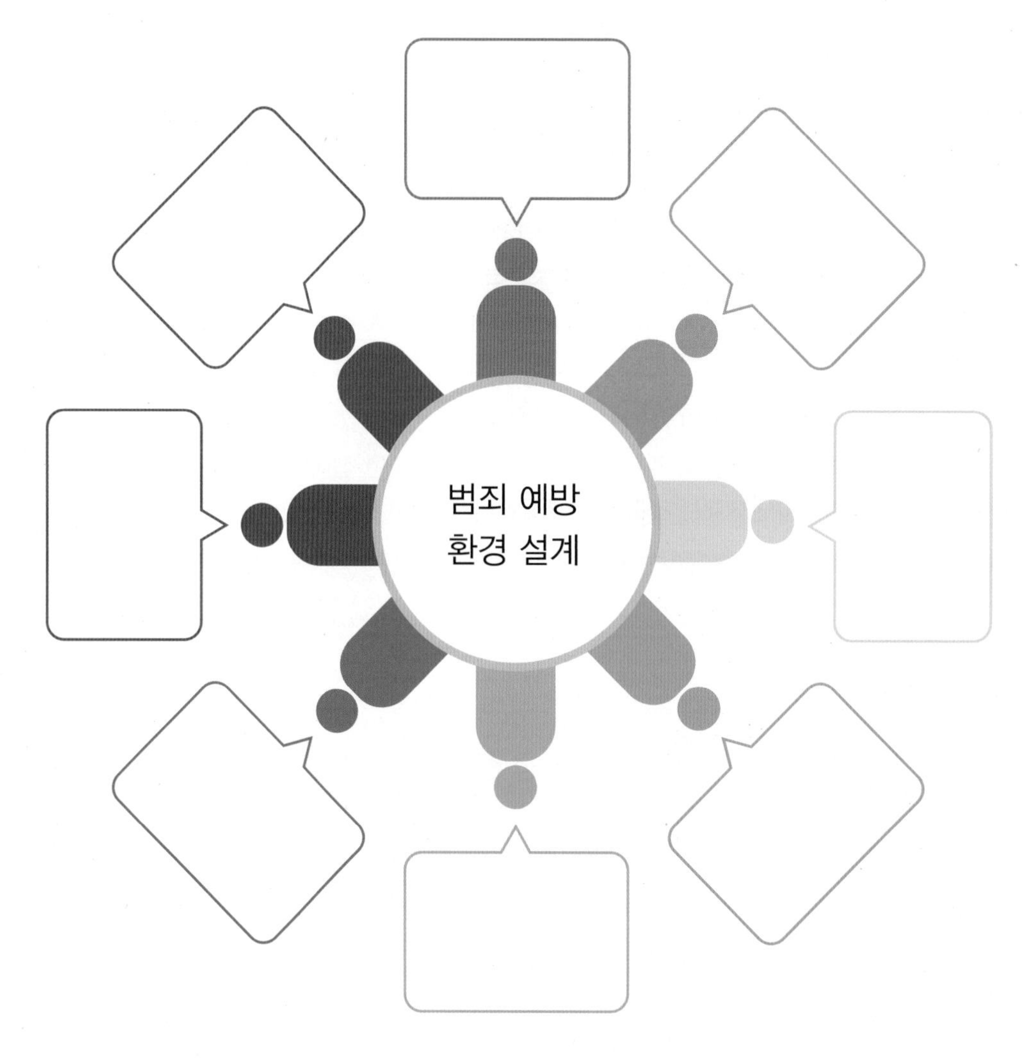

❷ ❶에서 떠올린 장소에 범죄 예방 환경 설계가 적용된 사례를 조사해 봅시다.

장소	

- 대상:
- 목적:
- 주요 내용:

STEP 4 학교 폭력을 예방하기 위한 범죄 예방 환경 설계안을 작성해 봅시다. 

❶ 학교 폭력이 발생할 수 있는 환경이나 장소를 떠올리고 말풍선에 써 봅시다.

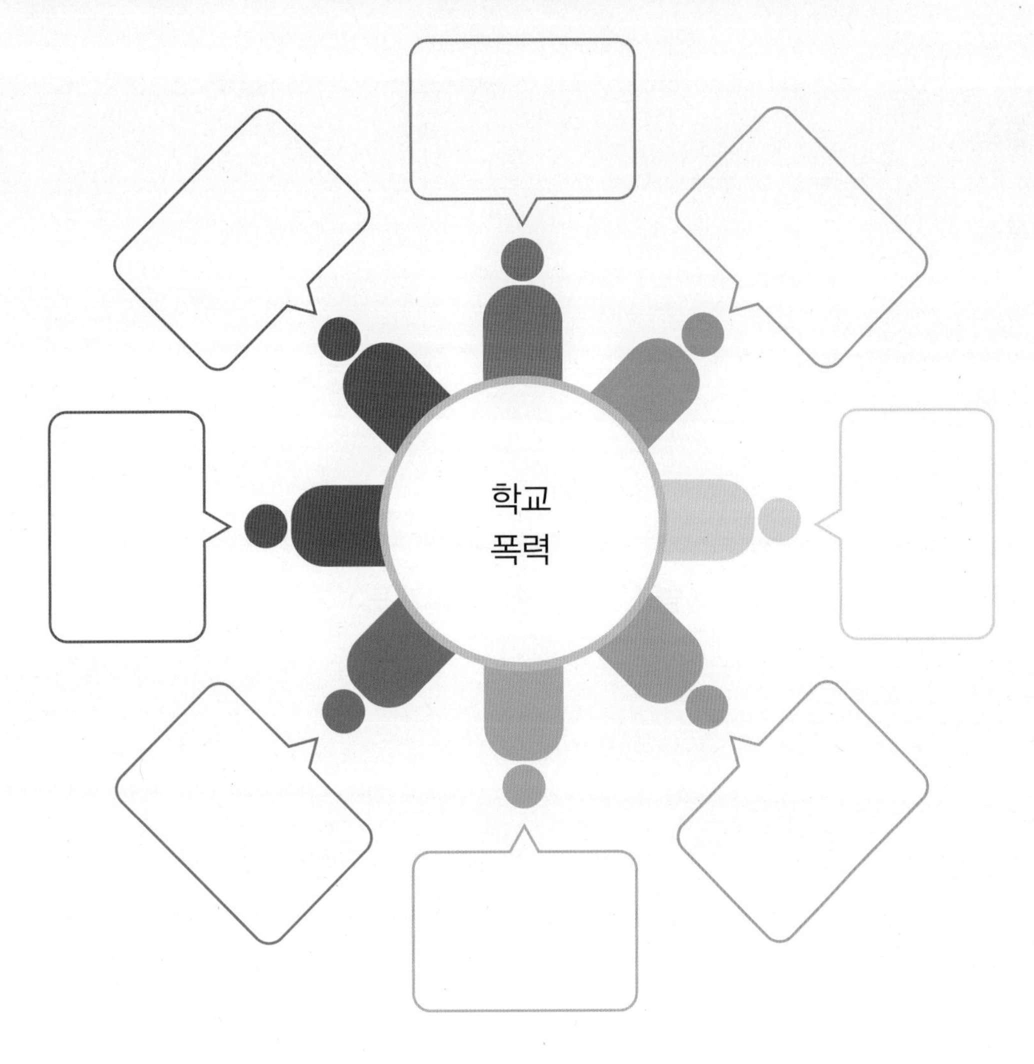

❷ ❶에서 떠올린 환경이나 장소를 개선할 아이디어를 생각해 봅시다.

장소	

- 원인:

- 해결 방안:

3 2의 아이디어를 바탕으로 학교 폭력을 예방하기 위한 범죄 예방 환경 설계안을 작성해 봅시다.

범죄 예방 환경 설계안

명칭	
장소	
목적	
주요 내용	

〈범죄 예방 환경 설계도〉

STEP 5 이번 시간에 활동한 내용을 모둠별로 돌아가면서 발표해 봅시다. 

❶ 발표를 준비하고 발표 규칙을 지키며 발표해 봅시다.

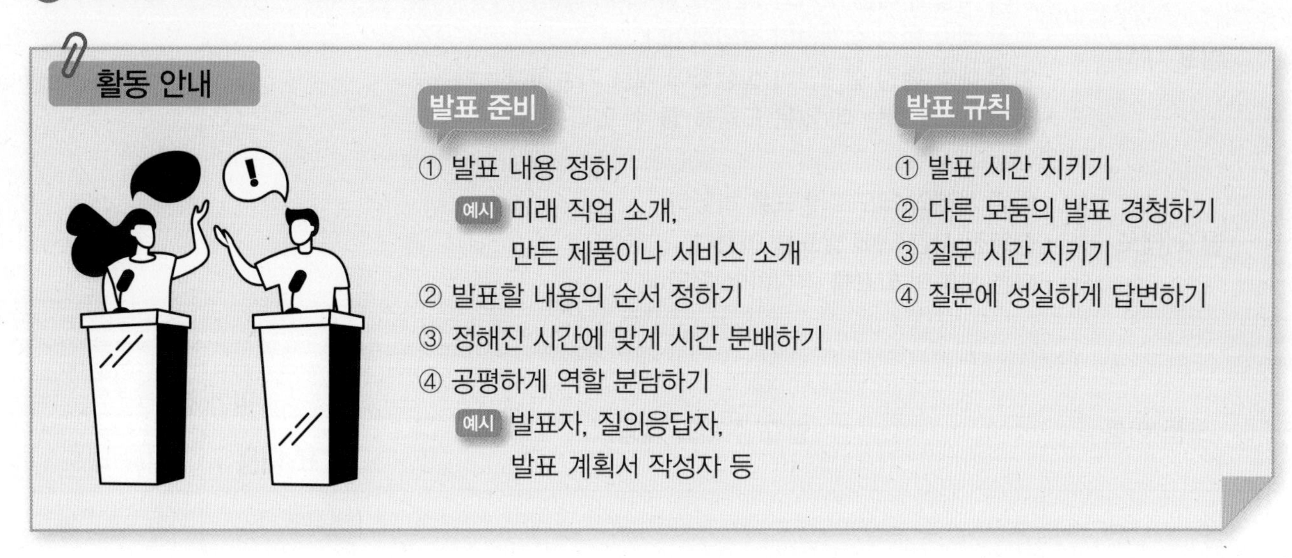
활동 안내
발표 준비
① 발표 내용 정하기
예시 미래 직업 소개, 만든 제품이나 서비스 소개
② 발표할 내용의 순서 정하기
③ 정해진 시간에 맞게 시간 분배하기
④ 공평하게 역할 분담하기
예시 발표자, 질의응답자, 발표 계획서 작성자 등
발표 규칙
① 발표 시간 지키기
② 다른 모둠의 발표 경청하기
③ 질문 시간 지키기
④ 질문에 성실하게 답변하기

우리 모둠의 역할 분담

이름:	이름:	이름:	이름:	이름:
역할:	역할:	역할:	역할:	역할:

우리 모둠의 발표 주제와 내용

주제:

내용:

2 발표를 듣고 아래 평가 기준을 참고하여 모둠별 평가를 해 봅시다.

평가 기준

발표 내용	• 미래 직업에 대한 조사와 탐구가 잘 이루어졌다. • 범죄 예방 환경 설계안이 창의적이다. • 범죄 예방 환경 설계안이 실생활에 적용 가능하다. • 진로를 계획하는 데 많은 도움을 줄 수 있다.
발표 태도	• 바른 자세와 태도로 발표를 하였다. • 정해진 시간 내에 발표를 마쳤다. • 다른 모둠의 발표를 경청하며 들었다.

모둠 이름	발표 주제와 내용	평가 점수	
		발표 내용	발표 태도
		☆☆☆	☆☆☆
		☆☆☆	☆☆☆
		☆☆☆	☆☆☆
		☆☆☆	☆☆☆
		☆☆☆	☆☆☆
		☆☆☆	☆☆☆

CHECK 평가하기 활동을 마무리하며 나의 학업 성취도를 평가해 봅시다.

평가 기준	별점
• 범죄예방환경전문가가 되기 위해 필요한 것을 알았다.	☆☆☆
• 학교 폭력을 예방하기 위한 범죄 예방 환경 설계안을 꼼꼼하게 작성했다.	☆☆☆
• 모둠원들과 협력하여 발표 내용을 마련하고 모둠 내 역할을 충실히 수행했다.	☆☆☆

수업에서 가장 흥미로웠던 것을 써 봅시다.

실재형

11 스포츠기록분석연구원

활동 미션 스포츠기록분석연구원이 하는 일을 알아보고 스포츠기록분석 보고서를 작성한다.

STEP 1	STEP 2	STEP 3	STEP 4	STEP 5
이해하기	탐색하기	적용하기	도전하기	발표하기
10분	10분	25분	25분	20분

STEP 1 영상을 보면서 빈칸을 채워 스포츠 통계 데이터에 대한 설명을 완성해 봅시다.

각본 없는 드라마 속에 숨겨진 비밀을 캐낸다

재생 시간: 약 3분 (3분 39초~6분 52초까지 시청) 출처: 대한민국 통계청

1 스포츠 통계 데이터는 스포츠 현장, 스포츠 연구, 스포츠 [ ][ ] 분야에서 활용된다.

2 스포츠 통계 데이터를 다루기 위해서는 방대한 양의 데이터에서 의미 있는 내용을 찾아낼 수 있는 통찰적인 시각 또는 AI나 [ ][ ] 적인 역량을 갖추는 것이 좋다.

STEP 2 스포츠기록분석연구원이 되기 위해 필요한 것을 알아봅시다.

① 아래 제시문을 보고, 스포츠기록분석연구원이 하는 일을 한 문장으로 써 봅시다.

- 스포츠기록분석연구원은 각종 스포츠 경기의 모든 요소들을 수치적 데이터로 기록하고 이를 분석하는 일을 전문적으로 수행하는 사람을 말합니다.
- 육상, 수영 등의 개인 종목을 포함해 축구, 야구 등 단체 종목에서 나오는 기록들을 체계적으로 정리하여 경기의 특성과 내용에 맞게 분석하고 수치로 나타나는 객관적인 근거를 통해 상대 팀이나 선수의 기록과 전략을 파악합니다.
- 스포츠 경기를 객관적으로 분석하기 위한 기록 시스템과 분석 기법을 개발하고 분석 기법과 통계를 활용한 학문적인 연구 또한 수행합니다.

② 스포츠기록분석연구원에게 필요한 능력과 적성 중 내가 자신 있는 것에 ○ 표시해 봅시다.

능력과 적성	내가 자신 있는 것
수학적인 자료를 다루는 통계 능력을 갖추고 있다.	
사람들과의 관계에서 의사소통 능력이 뛰어나다.	
어떤 현상이나 데이터를 객관적이고 비판적으로 분석할 수 있다.	
컴퓨터에 대한 지식이 많고, 컴퓨터를 능숙하게 다룰 수 있다.	
스포츠에 대한 전문 지식을 지니고 있어서 스포츠 경기를 흥미롭게 관람한다.	

③ 스포츠기록분석연구원이 되려면 어떤 준비를 해야 할지 써 봅시다.

지식	
인성	
자격증	

STEP 3 다양한 스포츠 관련 직업과 하는 일을 조사해 봅시다. 

야외활동지도사, 스포츠마케터, 스포츠기록분석연구원,
스포츠해설사, 스포츠트레이너, 스포츠에이전트

직업	하는 일	스포츠기록분석연구원과의 차이점
예시 스포츠심리상담사	스포츠 선수나 가족, 지도자에게 심리 상담과 교육을 한다.	상대방이 하는 이야기를 잘 듣고 스포츠 심리 전문 지식을 활용하여 따뜻하게 대화할 수 있는 언어 능력이 필요하다.

STEP 4 스포츠기록분석연구원으로서 경기를 기록하고 데이터를 분석하여 보고서를 작성해 봅시다.

1. 다음 운동이 지닌 특징과 경기 규칙, 득점 방법 등을 조사하여 써 봅시다.

모둠에서 선택한 운동 종목
특징
경기 규칙
득점 방법

2 모둠별로 1 에서 선택한 운동 종목의 경기 영상을 찾아 관람하고, 경기를 분석한 보고서를 작성해 봅시다.

스포츠기록분석 보고서

종목	
역할 분담	• 모둠장: • 동영상 자료 준비: • 기록: • 데이터 분석: • 보고서 작성:
경기 기록 내용	
데이터 분석 내용	
각 선수별 특징과 성과 분석	
경기 계획과 전략	

STEP 5 이번 시간에 활동한 내용을 모둠별로 돌아가면서 발표해 봅시다. 

1 발표를 준비하고 발표 규칙을 지키며 발표해 봅시다.

활동 안내

발표 준비

① 발표 내용 정하기
예시 미래 직업 소개,
만든 제품이나 서비스 소개
② 발표할 내용의 순서 정하기
③ 정해진 시간에 맞게 시간 분배하기
④ 공평하게 역할 분담하기
예시 발표자, 질의응답자,
발표 계획서 작성자 등

발표 규칙

① 발표 시간 지키기
② 다른 모둠의 발표 경청하기
③ 질문 시간 지키기
④ 질문에 성실하게 답변하기

우리 모둠의 역할 분담

이름:	이름:	이름:	이름:	이름:
역할:	역할:	역할:	역할:	역할:

우리 모둠의 발표 주제와 내용

주제:

내용:

② 발표를 듣고 아래 평가 기준을 참고하여 모둠별 평가를 해 봅시다.

평가 기준

발표 내용	• 스포츠기록분석연구원에 대한 조사와 탐구가 잘 이루어졌다. • 운동이 지닌 특징과 규칙, 득점 방법을 잘 설명하였다. • 스포츠기록분석 보고서를 충실하게 작성하였다. • 진로를 계획하는 데 많은 도움을 줄 수 있다.
발표 태도	• 바른 자세와 태도로 발표를 하였다. • 정해진 시간 내에 발표를 마쳤다. • 다른 모둠의 발표를 경청하며 들었다.

모둠 이름	발표 주제와 내용	평가 점수	
		발표 내용	발표 태도
		☆☆☆	☆☆☆
		☆☆☆	☆☆☆
		☆☆☆	☆☆☆
		☆☆☆	☆☆☆
		☆☆☆	☆☆☆
		☆☆☆	☆☆☆

CHECK 평가하기 활동을 마무리하며 나의 학업 성취도를 평가해 봅시다.

평가 기준	별점
• 스포츠기록분석연구원이 되기 위해 필요한 것을 알았다.	☆☆☆
• 경기 영상을 관람하고 스포츠기록분석 보고서를 꼼꼼하게 작성했다.	☆☆☆
• 모둠원들과 협력하여 발표 내용을 마련하고 모둠 내 역할을 충실히 수행했다.	☆☆☆

♡ 수업에서 가장 흥미로웠던 것을 써 봅시다.

12 VR에듀크리에이터

활동 미션 VR에듀크리에이터가 하는 일을 알아보고 수업을 디자인한다.

STEP 1	STEP 2	STEP 3	STEP 4	STEP 5
이해하기	탐색하기	적용하기	도전하기	발표하기
10분	10분	25분	25분	20분

STEP 1 영상을 보면서 개념과 내용을 올바르게 연결하여 VR의 개념을 이해해 봅시다.

가상 현실과 증강 현실

재생 시간: 3분 34초까지 시청 **출처:** 서울특별시교육청융합과학교육원

1 가상 현실(VR) ● ● ㉠ 현실 세계를 보충함. ● ● ㉢ 실제와 유사하지만 실제가 아닌 특정한 환경이나 상황, 기술

2 증강 현실(AR) ● ● ㉡ 현실 세계를 대체함. ● ● ㉣ 실제로 존재하는 환경에 가상의 사물이나 정보를 합성한 것

STEP 2 VR에듀크리에이터가 되기 위해 필요한 것을 알아봅시다.

❶ 아래 제시문을 보고 VR에듀크리에이터가 하는 일을 한 문장으로 써 봅시다.

- VR을 해당 과목의 주제와 내용에 결합하여 수업을 설계한다.
- VR 교육의 전체적인 제작 과정을 파악할 수 있는 스토리보드를 작성한다.
- VR 교육에 들어가는 캐릭터나 각종 소품을 3D 작업을 통해 구체화하고, 정지된 그림들을 연결해 움직임을 만드는 작업을 한다.

❷ VR에듀크리에이터에게 필요한 능력과 적성 중 내가 자신 있는 것에 ○ 표시해 봅시다.

능력과 적성	내가 자신 있는 것
상상력과 호기심이 많다.	
컴퓨터 프로그램을 잘 다룬다.	
다른 사람을 이끄는 것을 좋아하고 적극적인 성격이다.	
한 가지 상황도 여러 관점에서 바라보고 판단하는 편이다.	
체계적이고 논리적인 사고를 잘한다.	

❸ VR에듀크리에이터가 되려면 어떤 준비를 해야 할지 써 봅시다.

지식	
인성	
자격증	

STEP 3 가상 현실을 어떻게 활용할 수 있는지 더 자세히 알아봅시다.

❶ 가상 현실이 우리 생활에서 어떻게 활용되고 있는지 아래 사진 중 한 가지 분야를 골라 써 봅시다.

• 내가 선택한 분야:

• 내가 선택한 분야에서 가상 현실은

....

....

.... 활용되고 있다.

❷ 가상 현실을 이용하면 유용할 분야에는 또 무엇이 있는지 찾아 써 봅시다.

분야	내용

❸ 가상 현실을 나만의 말로 정의 내려 봅시다.

예시

가상 현실은 마술사이다.
왜냐하면 현실에서 실제로 일어나기 어려운 것들을 가능하게 해 주기 때문이다.

가상 현실은 ______________________ (이)다.

왜냐하면 ____

____

____

____ 때문이다.

STEP 4 모둠원들과 VR에듀크리에이터가 되어 수업을 디자인해 봅시다.

❶ VR에듀크리에이터가 되어 수업하고 싶은 과목을 적어 봅시다.

❷ 모둠에서 한 가지 과목을 골라 가상 현실을 적용할 수 있는 주제를 써 봅시다.

우리 모둠에서 선택한 과목은 (이)다.

예시

- 가상현실을 이용하여 조선 시대 시장의 모습을 재연해 볼 수 있다.
-
-
-

❸ 모둠에서 고른 과목 중 가상 현실을 이용해 볼 수 있는 장면을 그려 보고 그 효과를 써 봅시다.

기대 효과

기대 효과

기대 효과

기대 효과

STEP 5 이번 시간에 활동한 내용을 모둠별로 돌아가면서 발표해 봅시다. 

❶ 발표를 준비하고 발표 규칙을 지키며 발표해 봅시다.

활동 안내

발표 준비

① 발표 내용 정하기
   예시 미래 직업 소개,
   만든 제품이나 서비스 소개
② 발표할 내용의 순서 정하기
③ 정해진 시간에 맞게 시간 분배하기
④ 공평하게 역할 분담하기
   예시 발표자, 질의응답자,
   발표 계획서 작성자 등

발표 규칙

① 발표 시간 지키기
② 다른 모둠의 발표 경청하기
③ 질문 시간 지키기
④ 질문에 성실하게 답변하기

우리 모둠의 역할 분담

이름:	이름:	이름:	이름:	이름:
역할:	역할:	역할:	역할:	역할:

우리 모둠의 발표 주제와 내용

주제:

내용:

② 발표를 듣고 아래 평가 기준을 참고하여 모둠별 평가를 해 봅시다.

평가 기준

발표 내용	• VR에듀크리에이터에 대한 조사와 탐구가 잘 이루어졌다. • 가상 현실에 관한 나만의 정의가 창의적이다. • 가상 현실을 적용할 수 있는 과목과 주제가 적절하다. • 진로를 계획하는 데 많은 도움을 줄 수 있다.
발표 태도	• 바른 자세와 태도로 발표를 하였다. • 정해진 시간 내에 발표를 마쳤다. • 다른 모둠의 발표를 경청하며 들었다.

모둠 이름	발표 주제와 내용	평가 점수	
		발표 내용	발표 태도
		☆☆☆	☆☆☆
		☆☆☆	☆☆☆
		☆☆☆	☆☆☆
		☆☆☆	☆☆☆
		☆☆☆	☆☆☆
		☆☆☆	☆☆☆

CHECK 평가하기 활동을 마무리하며 나의 학업 성취도를 평가해 봅시다.

평가 기준	별점
• VR에듀크리에이터가 되기 위해 필요한 것을 알았다.	☆☆☆
• 가상 현실 기술을 활용한 수업을 적절하게 디자인했다.	☆☆☆
• 모둠원들과 협력하여 발표 내용을 마련하고 모둠 내 역할을 충실히 수행했다.	☆☆☆

수업에서 가장 흥미로웠던 것을 써 봅시다.

사회형

13 우주여행가이드

활동 미션 우주여행가이드가 하는 일을 알아보고 우주 여행 상품을 개발한다.

STEP 1	STEP 2	STEP 3	STEP 4	STEP 5
이해하기	탐색하기	적용하기	도전하기	발표하기
10분	10분	25분	25분	20분

STEP 1 영상을 보고 우주 생활은 지구와 어떻게 다를지 자유롭게 써 봅시다.

우주에서 머리를 감는 방법

재생 시간: 2분 40초 출처: YTN 사이언스

식사	수면

취미 생활	그 외

STEP 2 우주여행가이드가 되기 위해 필요한 것을 알아봅시다.

❶ 아래 제시문을 보고, 우주여행가이드가 하는 일을 한 문장으로 써 봅시다.

- 우주여행 체험 대상자를 상담하고 신체 적정성을 확인한다.
- 우주여행에 필요한 탐사 준비 훈련을 담당한다.
- 지구 궤도의 흥미로운 곳을 가기 위해 방문 코스를 구성한다.
- 관광객에게 방문 장소와 우주여행 중 일어나는 다양한 우주의 상황을 설명해 준다.
- 우주에서 일어날 수 있는 관광객의 건강 문제를 해결한다.

❷ 우주여행가이드에게필요한 능력과 적성 중 내가 자신 있는 것에 ○ 표시해 봅시다.

능력과 적성	내가 자신 있는 것
수학과 과학 과목에 관심이 많다.	
힘든 훈련 과정도 견뎌낼 수 있는 인내력이 있다.	
말을 조리 있게 잘 하는 편이다.	
처음 보는 사람들과도 잘 어울린다.	
평소에 여행을 좋아하고 낯선 장소를 두려워하지 않으며 모험을 즐긴다.	

❸ 우주여행가이드가 되려면 어떤 준비를 해야 할지 써 봅시다.

지식	
인성	
자격증	

STEP 3 우주여행할 때 꼭 해 보고 싶은 것과 가 보고 싶은 장소를 생각해 봅시다. 

❶ 나만의 우주여행 버킷리스트를 만들어 봅시다.

❷ 친구의 버킷리스트 중에 하고 싶은 것이 있다면 무엇인지 써 봅시다.

이름	내용

❸ 우주여행 장소로 매력적인 곳을 조사하여 그려 보고 설명해 봅시다.

예시

우주 정거장

사람이 우주 공간에 장기간 머물 수 있도록 만든 인공 구조물로 하늘에 떠 있는 종합 터미널이다. 우주비행사는 이곳에서 쉬기도 하고, 우주선을 수리하기도 한다. 우주 정거장에서는 지상에서처럼 우주복을 벗고 지낼 수 있으며, 무중력 상태에서 많은 과학 실험도 할 수 있다.

내가 고른 장소:

그림

글

모둠이 선정한 장소:

그림

글

STEP 4 우주여행가이드가 되어 우주여행 상품을 만들어 봅시다.

1. 우주여행 상품의 일정을 만들어 봅시다.

품격을 더한 프리미엄
2박 3일 우주여행
우주여행 장소:
첫째 날
발사장 집결 →
둘째 날
셋째 날
→ 발사장 도착

2 우주여행 상품의 일정 중 한 곳을 택하여 여행객에게 소개해 봅시다.

★ 우주여행가이드 이름:

★ 소개할 장소:

★ 소개할 내용:

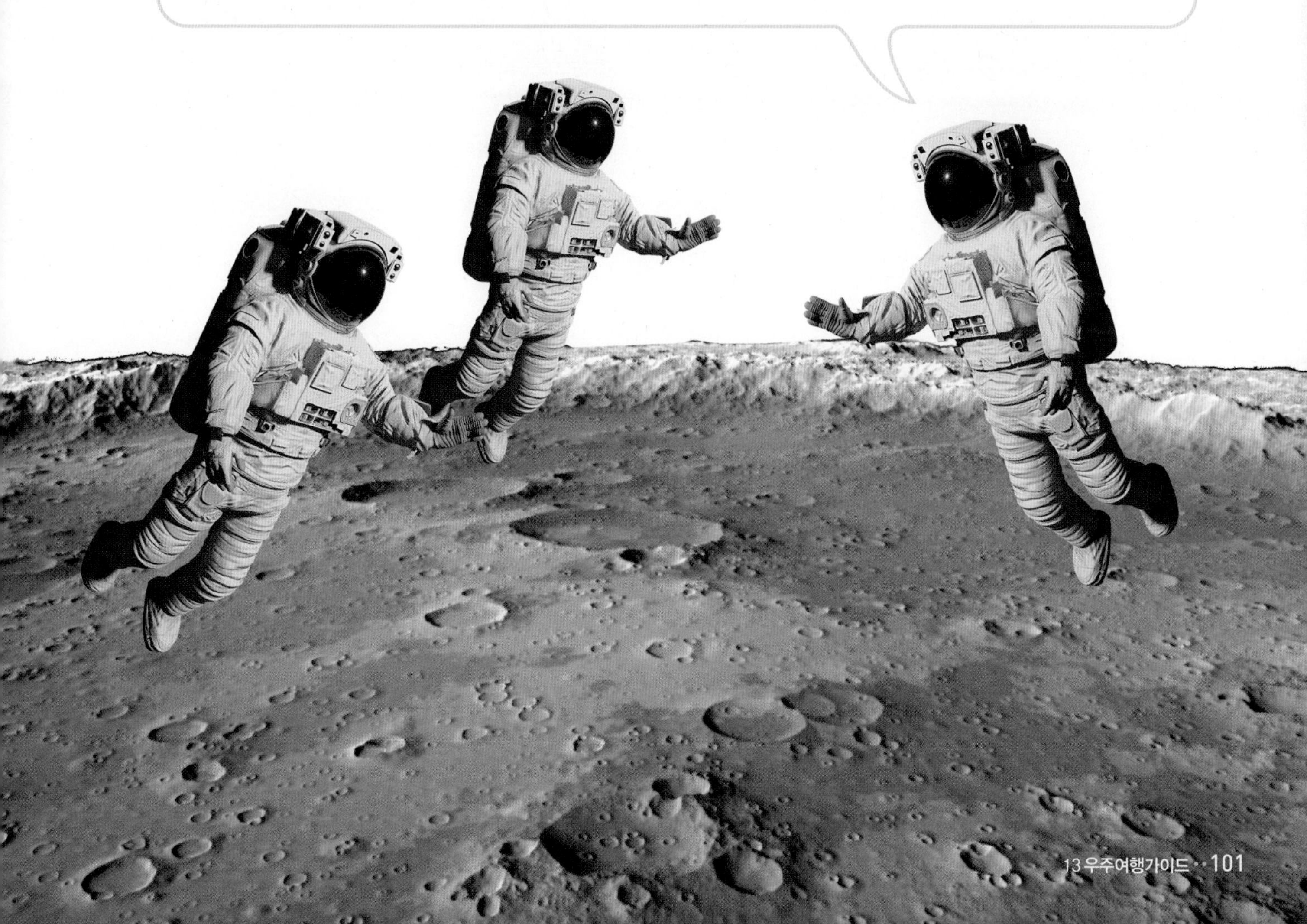

STEP 5 이번 시간에 활동한 내용을 모둠별로 돌아가면서 발표해 봅시다. 

❶ 발표를 준비하고 발표 규칙을 지키며 발표해 봅시다.

활동 안내

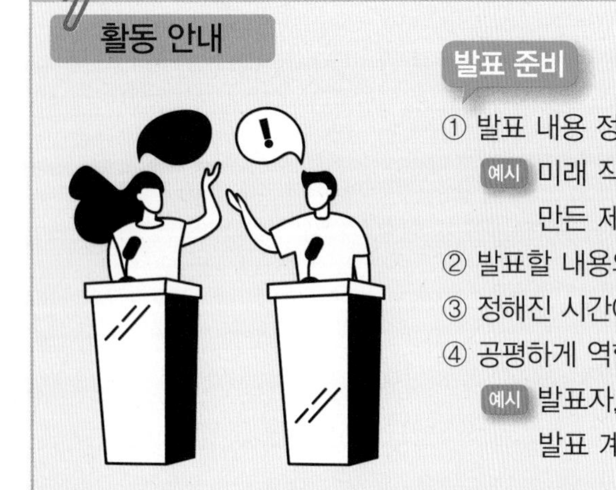

발표 준비

① 발표 내용 정하기
  예시 미래 직업 소개,
  만든 제품이나 서비스 소개
② 발표할 내용의 순서 정하기
③ 정해진 시간에 맞게 시간 분배하기
④ 공평하게 역할 분담하기
  예시 발표자, 질의응답자,
  발표 계획서 작성자 등

발표 규칙

① 발표 시간 지키기
② 다른 모둠의 발표 경청하기
③ 질문 시간 지키기
④ 질문에 성실하게 답변하기

우리 모둠의 역할 분담

이름: 역할:	이름: 역할:	이름: 역할:	이름: 역할:	이름: 역할:

우리 모둠의 발표 주제와 내용

주제:

내용:

❷ 발표를 듣고 아래 평가 기준을 참고하여 모둠별 평가를 해 봅시다.

평가 기준

발표 내용	• 우주여행가이드에 대한 조사와 탐구가 잘 이루어졌다. • 기획한 우주여행 상품이 매력적이다. • 여행객에게 우주여행 장소를 잘 설명해 주었다. • 진로를 계획하는 데 많은 도움을 줄 수 있다.
발표 태도	• 바른 자세와 태도로 발표를 하였다. • 정해진 시간 내에 발표를 마쳤다. • 다른 모둠의 발표를 경청하며 들었다.

모둠 이름	발표 주제와 내용	평가 점수	
		발표 내용	발표 태도
		☆☆☆	☆☆☆
		☆☆☆	☆☆☆
		☆☆☆	☆☆☆
		☆☆☆	☆☆☆
		☆☆☆	☆☆☆
		☆☆☆	☆☆☆

CHECK 평가하기

활동을 마무리하며 나의 학업 성취도를 평가해 봅시다.

평가 기준	별점
• 우주여행가이드가 되기 위해 필요한 것을 알았다.	☆☆☆
• 우주여행 상품의 일정을 매력적으로 만들었다.	☆☆☆
• 모둠원들과 협력하여 발표 내용을 마련하고 모둠 내 역할을 충실히 수행했다.	☆☆☆

♡ 수업에서 가장 흥미로웠던 것을 써 봅시다.

예술형

14 홀로그램공연기획자

활동 미션 홀로그램공연기획자가 하는 일을 알아보고 홀로그램 공연을 기획한다.

STEP 1	STEP 2	STEP 3	STEP 4	STEP 5
이해하기	탐색하기	적용하기	도전하기	발표하기
10분	10분	25분	25분	20분

STEP 1 영상을 보면서 빈칸을 채워 홀로그램에 대한 설명을 완성해 봅시다.

[오늘의 과학실] 홀로그램

재생 시간: 2분 23초 **출처:** YTN 사이언스 투데이

1 홀로그램은 완전함, 전체를 의미하는 그리스어 홀로(Holo)와 [ ][ ]을/를 의미하는 그램(Gram)이 합쳐진 단어이다.

2 홀로그램은 빛의 [ ][ ] 현상을 이용해서 입체 정보를 기록하고 재생한다.

STEP 2 홀로그램공연기획자가 되기 위해 필요한 것을 알아봅시다. 

❶ 아래 제시문을 보고 홀로그램공연기획자가 하는 일을 한 문장으로 써 봅시다.

홀로그램은 3차원 영상으로 된 입체 사진으로, 여러 각도에서 물체의 모습을 볼 수 있다. 빛의 반사 원리를 이용하며 현실 세계에 가상 물체를 덧씌운다는 점에서는 증강 현실(AR)과 비슷하지만, 특수 안경을 쓰지 않고 맨눈으로 볼 수 있다는 차이점이 있다.

홀로그램공연기획자는 홀로그램 기술을 이용하여 문화 공연이나 전시를 기획하고 설계하여 작품을 제작한다. 이 과정에서 콘텐츠에 대한 계획을 세우고, 공간이나 채광 조건 등을 고려해 홀로그램으로 표현하려는 개체를 촬영한다. 기술 관련 홀로그램 전문가와 함께 색 보정, 컴퓨터 그래픽 등 후반 작업을 거치면 작품이 완성된다. 보통 한 작품을 무대에 올리기까지 6~8개월이 걸릴 정도로 많은 시간이 요구되며, 기술 개발자나 디자이너 등과 공동 작업을 해야 하기 때문에 협동심과 원활한 의사소통 능력도 필요하다.

❷ 홀로그램공연기획자에게 필요한 능력과 적성 중 내가 자신 있는 것에 ○ 표시해 봅시다.

능력과 적성	내가 자신 있는 것
사진과 영상에 관심이 많다.	
새로운 것을 구상하고 만드는 것을 좋아한다.	
미술이나 음악 등 예술적으로 표현하는 것을 즐긴다.	
무엇인가를 완성하기 위해 오랜 시간 견딜 수 있는 인내심이 있다.	
컴퓨터로 프로그램을 만들거나 장치나 장비를 다루는 것을 좋아한다.	

❸ 홀로그램공연기획자가되려면 어떤 준비를 해야 할지 써 봅시다.

지식	
인성	
자격증	

STEP 3 홀로그램에 대해 더 알아봅시다.

❶ 홀로그램의 원리를 알아보고 체험해 봅시다.

활동 안내

준비물: OHP 필름, 펜, 테이프, 칼 또는 가위, 각도기

❶ 아래 영상을 시청하고 안내에 따라 홀로그램 키트를 만든다.

▶ **홀로그램을 직접 만들 수 있을까**
재생 시간: 2분 48초
출처: YTN 사이언스

홀로그램 키트 예시

6 cm
1 cm
4.5 cm

❷ 영상 플랫폼에서 '3D 홀로그램 영상'을 검색하여 원하는 영상을 선택한다.
이때 대상의 앞쪽, 왼쪽, 오른쪽, 뒤쪽 모습이 각각 배치된 영상이어야 한다.

예시
Butterfly Hologram Video HD

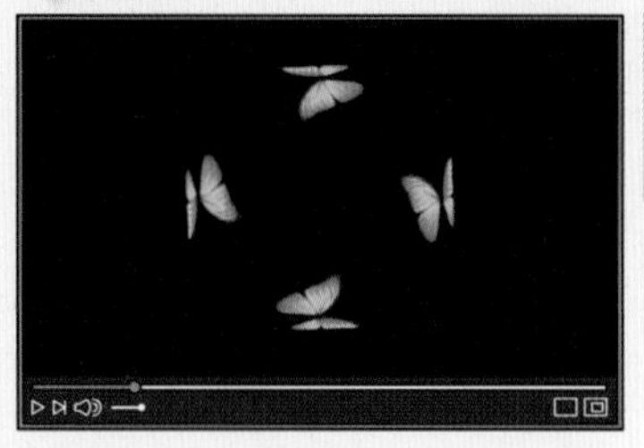

❸ 홀로그램 키트를 스마트폰 위에 올리고 선택한 영상을 감상한다.

❷ 홀로그램을 활용한 사례를 보고 아래 기관에서 홀로그램 기술을 활용하여 만들 수 있는 영상을 생각하여 써 봅시다.

▶ **조수미 · 아바…홀로그램 콘서트로 만난다**
재생 시간: 2분 21초
출처: SBS뉴스

NEWS
조수미·아바
홀로그램 콘서트로 만나다

기관	영상 내용
자동차 회사	예시 미래 자동차쇼를 열어 새로 출시할 자동차의 모습을 구체적으로 보여 준다.
박물관	
병원	
의류 회사	

STEP 4 신입생들에게 동아리를 홍보하기 위한 홀로그램 공연을 기획해 봅시다. 

❶ 우리 학교 동아리 중 하나를 선택하여 모둠원과 홀로그램 공연 기획안을 작성해 봅시다.

홀로그램 공연 기획안

동아리 이름		
공연 소개	주제	
	내용	
	등장 인물	
	시간	
	장소	
공연의 효과		

❷ ❶의 홀로그램 공연 기획안을 바탕으로 스토리보드를 그리고 설명해 봅시다.

장면	시각 이미지(영상)	효과	내용
예시		설명	축구 동아리의 경기 모습을 신입생들에게 소개한다.
		소리	관객들의 함성 소리
		자막	꿈은 이루어진다.
1		설명	
		소리	
		자막	
2		설명	
		소리	
		자막	
3		설명	
		소리	
		자막	
4		설명	
		소리	
		자막	
5		설명	
		소리	
		자막	

STEP 5 이번 시간에 활동한 내용을 모둠별로 돌아가면서 발표해 봅시다.

❶ 발표를 준비하고 발표 규칙을 지키며 발표해 봅시다.

활동 안내

발표 준비

① 발표 내용 정하기
　예시 미래 직업 소개,
　　만든 제품이나 서비스 소개
② 발표할 내용의 순서 정하기
③ 정해진 시간에 맞게 시간 분배하기
④ 공평하게 역할 분담하기
　예시 발표자, 질의응답자,
　　발표 계획서 작성자 등

발표 규칙

① 발표 시간 지키기
② 다른 모둠의 발표 경청하기
③ 질문 시간 지키기
④ 질문에 성실하게 답변하기

우리 모둠의 역할 분담

이름: 역할:	이름: 역할:	이름: 역할:	이름: 역할:	이름: 역할:

우리 모둠의 발표 주제와 내용

주제:

내용:

2 발표를 듣고 아래 평가 기준을 참고하여 모둠별 평가를 해 봅시다.

평가 기준

발표 내용	• 공연 기획 아이디어가 참신하고 창의적이다. • 홀로그램을 공연하는 데 효과적인 기획안이다. • 동아리를 알리는 데 도움을 줄 수 있는 내용이다.
발표 태도	• 바른 자세와 태도로 발표를 하였다. • 정해진 시간 내에 발표를 마쳤다. • 다른 모둠의 발표를 경청하며 들었다.

모둠 이름	발표 주제와 내용	평가 점수	
		발표 내용	발표 태도
		☆☆☆	☆☆☆
		☆☆☆	☆☆☆
		☆☆☆	☆☆☆
		☆☆☆	☆☆☆
		☆☆☆	☆☆☆
		☆☆☆	☆☆☆

CHECK 평가하기 활동을 마무리하며 나의 학업 성취도를 평가해 봅시다.

평가 기준	별점
• 홀로그램공연기획자가 되기 위해 필요한 것을 알았다.	☆☆☆
• 신입생들의 흥미를 끌 수 있는 동아리 홍보 홀로그램 공연을 기획했다.	☆☆☆
• 모둠원들과 협력하여 발표 내용을 마련하고 모둠 내 역할을 충실히 수행했다.	☆☆☆

♡ 수업에서 가장 흥미로웠던 것을 써 봅시다.

예술형

15 기술문서작성가

활동 미션 기술문서작성가가 하는 일을 알아보고 스마트폰 사용 설명서를 작성한다.

STEP 1	STEP 2	STEP 3	STEP 4	STEP 5
이해하기 10분	탐색하기 10분	적용하기 25분	도전하기 25분	발표하기 20분

STEP 1 영상을 보면서 빈칸을 채워 기술문서작성가에 대한 설명을 완성해 봅시다.

신직업, 기술문서작성가

재생 시간: 약 5분 (2분 27초~7분 30초까지 시청) 출처: 잡플러스TV

1 기술문서작성가는 ☐☐(이)나 ☐☐ 등을 쉽고 간결하게 소개하는 사람이다.

2 문서에 꼭 필요한 내용을 알기 쉽게 담아내기 위해서는 고객과의 충분한 ☐☐이/가 필요하다.

STEP 2 기술문서작성가 되기 위해 필요한 것을 알아봅시다.

❶ 아래 Q&A를 보고 기술문서작성가가 하는 일을 한 문장으로 써 봅시다.

Q 기술문서작성가는 처음에 어떻게 등장하였는가?

A 기술문서작성가는 제1, 2차 세계 대전 이후 과학 기술이 발전하면서 다양한 기술 제품이 생산되고 제품의 사용법을 고객들에게 쉽게 설명해 주는 역할이 필요해지면서 전문적인 직업군으로 자리 잡았다. 20세기 후반 컴퓨터나 다양한 디지털 제품들이 생산됨에 따라 기술문서작성가의 역할은 더욱 중요해지고 있다.

Q 기술문서작성가는 어떤 일을 하는가?

A 냉장고, 세탁기, 텔레비전, 스마트폰 등 신기술이 적용된 제품을 사용하기 위해서는 제품 생산자와 소비자를 연결하는 중요한 매개물인 사용 설명서가 반드시 필요하다. 기술문서작성가는 제품의 사용 설명서를 포함한 기술 문서를 제작하는 일을 담당한다.

❷ 기술문서작성가에게 필요한 능력과 적성 중 내가 자신 있는 것에 ○ 표시해 봅시다.

능력과 적성	내가 자신 있는 것
신기술에 관심이 많다.	
새로운 것을 구상하고 만드는 것을 좋아한다.	
어떤 내용을 글이나 그림 등으로 표현하는 것을 즐긴다.	
무엇인가를 완성하기 위해 오랜 시간 견딜 수 있는 인내심이 있다.	
컴퓨터로 프로그램을 만들거나 장치나 장비를 다루는 것을 좋아한다.	

❸ 위의 표를 참고하여 기술문서작성가가 되기 위해 어떤 준비가 필요한지 써 봅시다.

지식	
인성	
자격증	

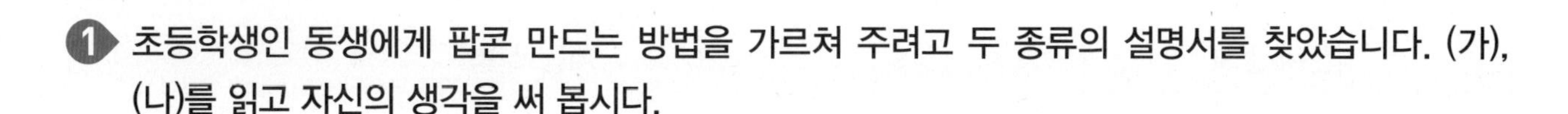

STEP 3
기술 문서 작성 방법을 알아봅시다.

❶ 초등학생인 동생에게 팝콘 만드는 방법을 가르쳐 주려고 두 종류의 설명서를 찾았습니다. (가), (나)를 읽고 자신의 생각을 써 봅시다.

(가) 먼저 가스 불을 켜서 그 위에 냄비를 올린다. 가스 불을 켤 때는 조심조심~. 냄비에 기름을 살짝 두르고 팝콘용 옥수수를 넣는다. 팝콘이 요란한 소리를 내면서 잘 튀겨지면 불을 낮춰서 조금 더 튀긴다. 잠시 후 고소한 냄새가 나면 그 때 냄비에서 팝콘을 꺼내어 그릇에 담아 맛있게 먹는다.

(나)
❶ 뚜껑이 있는 냄비에 기름을 살짝 둘러 달군다.
❷ 팝콘용 옥수수 3~4알을 넣는다.
❸ 팝콘이 터지면 나머지 옥수수를 냄비 바닥에 고루 펼친다.
❹ 뚜껑을 덮고 약한 불에서 5~10분 정도 튀긴다.
❺ 팝콘이 튀어 오르는 소리가 줄어들면 그릇에 담는다.

• (가), (나) 중 어떤 설명서가 더 도움이 되는지 써 봅시다.

• 도움이 된 이유가 무엇인지 써 봅시다.

• 위 활동을 참고하여 기술 문서를 작성할 때 도움이 되는 글쓰기 방법에 ○ 표시해 봅시다.

글쓰기 방법	도움이 되는 것
기초 지식이 없는 사람도 읽을 수 있도록 쉽게 쓴다.	
특수 전문 용어를 많이 사용한다.	
되도록 단순하게 쓴다.	
같은 내용을 반복해서 길게 쓴다.	
글을 짧은 문단으로 나누어 쓴다.	
그림이나 도표 같은 시각 정보를 사용한다.	
감탄사나 수식어를 많이 사용한다.	

② 다음 예시 를 참고하여 보기 에서 하나의 주제를 선택하여 짧은 글을 써 봅시다.

예시 도어록 카드 키 등록 방법

선택 순서	기호	기능 설명
❶ Ⓡ 버튼(등록) 누르기	Ⓡ	건전지 덮개를 연 후, Ⓡ 버튼(등록)을 한 번 누른다.
❷ 카드 키 입력하기	CARD	등록할 카드키를 실외부 카드키 터치 하는 곳에 갖다 댄다. (연속 등록 시 순차적으로 카드키를 갖다 댄다.)
❸ Ⓡ 버튼(등록) 누르기	Ⓡ	덮개를 연 후 Ⓡ 버튼(등록)을 다시 누르면 카드키가 등록된다.

보기

- 내가 좋아하는 온라인 게임을 하는 방법
- 노트북을 교실 TV에 연결하여 뮤직비디오를 보는 방법
- 에어프라이어로 치킨 요리를 만드는 방법

주제	
목적	
예상 독자	
내용 (다섯 문장으로 쓸 것)	❶ ❷ ❸ ❹ ❺

③ 모둠원과 쓴 글을 돌려 읽어 보고 한 줄 평가를 써 봅시다.

모둠원	한 줄 평가 쓰기

STEP 4 기술 문서를 작성해 봅시다. 

1 스마트폰을 처음 사용하시는 할머니께 스마트폰 사용법을 알려드리려고 합니다. 다음 중에서 글의 주제를 선택해 봅시다.

㉠ 카카오톡으로 친구들과 대화하는 법	㉡ 사진을 찍고 나에게 전송하는 법
㉢ 취미 밴드에 가입하여 글 올리는 법	㉣ SNS에서 건강 정보를 찾아서 저장하는 법

2 할머니께서도 잘 이해하실 수 있도록 시각 자료(사진, 기호, 도표 등)가 첨부된 기술 문서를 각자 작성해 봅시다.

주 제	
목 적	
내 용	

STEP 5 이번 시간에 활동한 내용을 모둠별로 돌아가면서 발표해 봅시다.

1 발표를 준비하고 발표 규칙을 지키며 발표해 봅시다.

활동 안내

발표 준비

① 발표 내용 정하기
  예시 미래 직업 소개,
  만든 제품이나 서비스 소개
② 발표할 내용의 순서 정하기
③ 정해진 시간에 맞게 시간 분배하기
④ 공평하게 역할 분담하기
  예시 발표자, 질의응답자,
  발표 계획서 작성자 등

발표 규칙

① 발표 시간 지키기
② 다른 모둠의 발표 경청하기
③ 질문 시간 지키기
④ 질문에 성실하게 답변하기

우리 모둠의 역할 분담

이름: 역할:	이름: 역할:	이름: 역할:	이름: 역할:	이름: 역할:

우리 모둠의 발표 주제와 내용

주제:

내용:

2 발표를 듣고 아래 평가 기준을 참고하여 모둠별 평가를 해 보세요.

평가 기준

발표 내용	• 기술 문서의 형식과 내용이 적합하다. • 할머니께서 스마트폰 사용법을 잘 이해하실 수 있는 언어를 사용했다. • 시각 이미지를 잘 활용하여 글의 이해력을 높였다.
발표 태도	• 바른 자세와 태도로 발표를 하였다. • 정해진 시간 내에 발표를 마쳤다. • 다른 모둠의 발표를 경청하며 들었다.

모둠 이름	발표 주제와 내용	평가 점수	
		발표 내용	발표 태도
		☆☆☆	☆☆☆
		☆☆☆	☆☆☆
		☆☆☆	☆☆☆
		☆☆☆	☆☆☆
		☆☆☆	☆☆☆
		☆☆☆	☆☆☆

CHECK 평가하기 활동을 마무리하며 나의 학업 성취도를 평가해 봅시다.

평가 기준	별점
• 기술문서작성가가 되기 위해 필요한 것을 알았다.	☆☆☆
• 스마트폰 사용 설명서를 알기 쉽게 작성했다.	☆☆☆
• 모둠원들과 협력하여 발표 내용을 마련하고 모둠 내 역할을 충실히 수행했다.	☆☆☆

♡ 수업에서 가장 흥미로웠던 것을 써 봅시다.

미래 직업 세계의 변화 1

우리는 기술의 진보가 많은 직업을 사라지게 하기도 하고, 또 더 많은 새로운 직업을 만들어 내기도 했다는 것을 알았습니다. 예를 들어 컴퓨터에 항법 장치가 도입되면서 비행기 조종사들과 함께 탑승하여 항공기 위치와 방향을 조종해 주던 항법사가 사라졌고, 컴퓨터의 활용 확대로 타자수와 타자기제조원, 활판인쇄원이 사라졌습니다. 반면 웹디자이너, 게임프로그래머, 인터넷데이터서버관리원 등 많은 컴퓨터와 인터넷 관련 직업이 많이 생겼습니다.

이처럼 기술이 진보함에 따라 미래 직업 세계는 어떻게 변화할까요? 인포그래픽을 통해 미래 직업 세계의 변화 트렌드를 살펴봅시다.

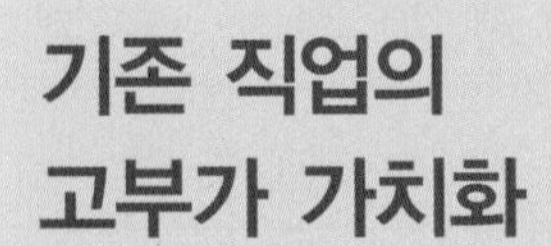

미래 직업 세계 변화 트렌드

기존 직업의 고부가 가치화

기술 발전으로 인해
직업이 고도화·전문화된다.

기존 직업의 세분화

새로운 직업의 수요 증가에 따라
직업이 세분화된다.

융합형 직업의 증가

서로 다른 지식과 직무 간
융합으로 전문 분야 창출된다.

과학 기술 기반의 새로운 직업 탄생

과학 기술에 기반한
새로운 직업이 생성된다.

3 진로 설계

16 미래 직업 카드 뉴스 만들기

활동 미션 미래 직업을 소개하는 카드 뉴스를 제작한다.

STEP 1 이해하기 5분 | STEP 2 탐색하기 15분 | STEP 3 적용하기 25분

STEP 1 영상을 보면서 가장 유망하다고 생각하는 직업을 고르고 그 이유를 생각해 봅시다.

10년 후 미래 유망 직업 TOP4

재생 시간: 3분 38초 출처: 채널GOE | 경기도교육청

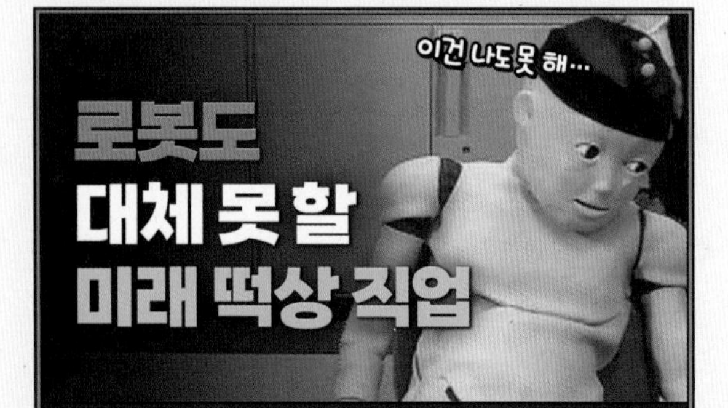

가장 유망하다고 생각하는 직업은?

- [ ] 사물 인터넷(IoT) 전문가
- [ ] 인공지능 전문가
- [ ] 빅데이터 전문가
- [ ] 가상 현실/증강 현실 전문가

그 이유는?

STEP 2 모둠원들과 소개하고 싶은 미래 직업을 하나 골라 조사해 봅시다.

예시

직업 이름	인공지능로봇개발자
직업인이 하는 일	인간만이 가진 특징을 이해하고, 이를 바탕으로 로봇이 인간처럼 생각하고 결정을 내리도록 하는 기술을 개발한다.
직업에 필요한 역량	컴퓨터 프로그래밍 관련 지식과 기술, 수학, 영어, 인공지능 이해도 등
관련 자격증	**자격증:** 로봇소프트웨어개발기사 **취득 방법:** 한국산업인력공단에서 실시하는 자격 시험(필기, 실기)에 응시하여 합격한다.
관련 학과	**이름:** 컴퓨터공학과 **소개:** 컴퓨터를 이용하여 정보를 처리하는 일과 관련된 지식과 기술을 익히는 학과이다. **진출 분야:** 소프트웨어 개발 회사, 게임 개발 회사, 무인 자동차 개발 회사, 한국전자통신연구원, 과학기술정보통신부 등
흥미와 적성	**직업 흥미 유형:** 탐구형 **흥미:** 폭넓은 상상력을 바탕으로 인간과 로봇에 대하여 탐구하는 것, 인간의 사고와 행동을 다양한 관점에서 관찰하는 것 **적성:** 소프트웨어 관련 전문 지식, 수학 실력, 창의성, 논리적 사고력

직업 이름	
직업인이 하는 일	
직업에 필요한 역량	
관련 자격증	**자격증:** **취득 방법:**
관련 학과	**이름:** **소개:** **진출 분야:**
흥미와 적성	

STEP 3 조사한 내용을 바탕으로 미래 직업을 소개하는 카드 뉴스를 만들어 봅시다. 

참고 자료 **카드 뉴스** 의미: 어떤 내용이나 뉴스를 이미지와 간략한 텍스트로 구성해 보여 주는 콘텐츠
장점: 일반적인 글 기사보다 읽기 쉽고, 널리 퍼지기에 적합하다.

예시

1/6

인공지능로봇개발자

생각하는 로봇을 만들다!

인공지능로봇개발자는 무슨 일을 할까? 2/6

인공지능로봇개발자는 인간만이 가진 특징을 이해하고, 이를 바탕으로 **로봇이 인간처럼 생각하고 결정을 내리도록 하는 기술**을 개발합니다.

필요한 역량은 무엇일까? 3/6

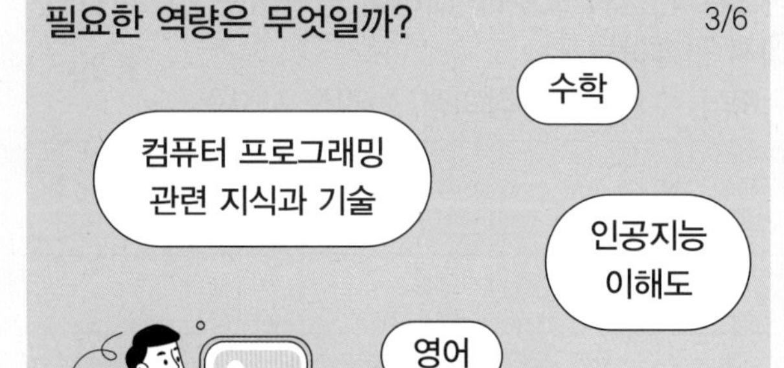

- 수학
- 컴퓨터 프로그래밍 관련 지식과 기술
- 인공지능 이해도
- 영어
- …

관련 자격증에는 무엇이 있을까? 4/6

로봇소프트웨어개발기사
한국산업인력공단

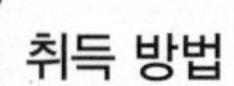

취득 방법
한국산업인력공단에서 실시하는 자격 시험(필기, 실기)에 응시하여 합격한다.

어떤 학과와 관련이 있을까? 5/6

컴퓨터공학과
컴퓨터를 이용하여 정보를 처리하는 일과 관련된 지식과 기술을 익히는 학과이다.

소프트웨어 · 게임 · 무인 자동차 개발 회사, 한국전자통신연구원, 과학기술정보통신부 등으로 진출한다.

어떤 흥미와 적성에 알맞은 직업일까? 6/6

흥미	적성
• 폭넓은 상상력을 바탕으로 인간과 로봇에 대하여 탐구하는 것 • 인간의 사고와 행동을 다양한 관점에서 관찰하는 것	• 소프트웨어 관련 전문 지식 • 수학 실력 • 창의성 • 논리적 사고력

직업 흥미 유형: **탐구형**

미래 직업 카드 뉴스

1/6

2/6

3/6

4/6

5/6

6/6

17 미래 직업 로드맵 만들기

활동 미션 나의 미래 직업 로드맵을 작성한다.

STEP 1	STEP 2	STEP 3	STEP 4
이해하기	탐색하기	적용하기	도전하기
5분	10분	15분	15분

STEP 1 삶의 꽃을 채우며 내가 어떤 사람인지 생각해 봅시다.

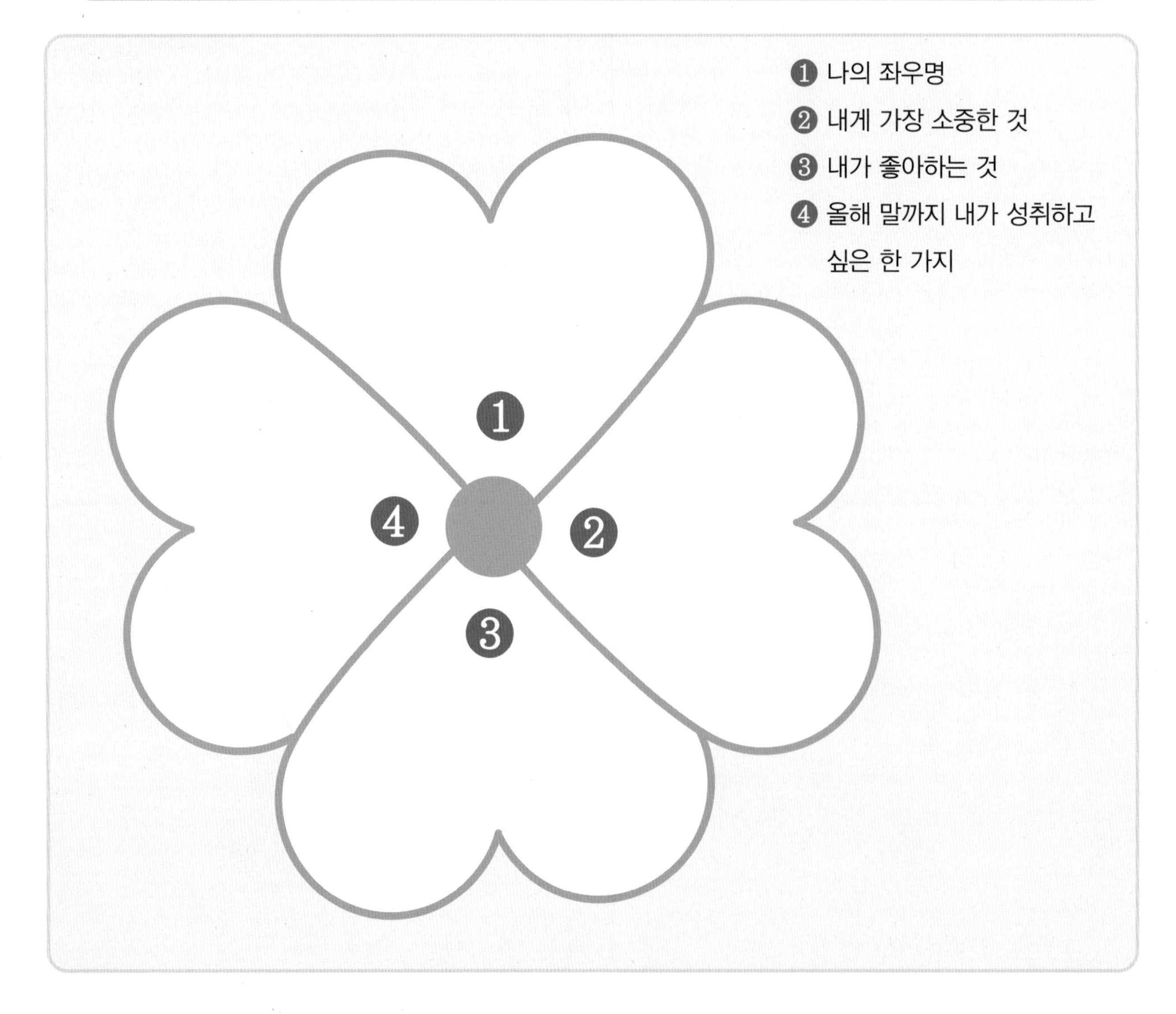
❶ 나의 좌우명
❷ 내게 가장 소중한 것
❸ 내가 좋아하는 것
❹ 올해 말까지 내가 성취하고 싶은 한 가지
❶
❷
❸
❹

STEP 2 목표로 삼을 미래 직업을 선택해 봅시다. 

① 다음 질문에 답하며 나의 꿈이 무엇인지 생각해 봅시다.

• 평소에 롤 모델로 삼고 싶었던 사람은 누구이고 그 이유는 무엇인가?

• 돈보다 중요하다고 생각하는 삶의 가치가 있다면 무엇인가?

• 나는 사회를 위해 어떤 일을 하고 싶은가?

• 지금 공부를 하는 궁극적인 목적은 무엇인가?

나의 꿈은 ______________________________ (이)다.

예시 어려운 사람들을 돕는 것, 새로운 지식을 발견하는 것 등

② ①를 바탕으로 내가 가지고 싶은 미래 직업 후보를 정리하고, 한 가지를 선택해 봅시다.

앞에서 체험한 미래 직업	그 외 관심이 가는 미래 직업
•	•
•	•
•	•

→ 내가 가지고 싶은 미래 직업: ______________________________

STEP 3 나의 미래 직업 로드맵을 작성해 봅시다. 

나의 미래 직업 로드맵

목표

나의 미래 직업:

내가 갖출 역량:

내가 취득할 자격증:

↑

대학

내가 진학할 학과:

그 학과에서 얻고자 하는 것:

↑

지금

목표를 이루기 위해 준비할 것:

① 교과 활동

② 비교과 활동	
자율·자치 활동	
동아리 활동	
진로 활동	
독서 활동	

STEP 4 꿈을 이루기 위한 약속을 담아 꿈 선언문을 작성해 봅시다.

꿈 선언문

꿈을 이루기 위해 내가 지킬 약속은

1

2

3

20 . . .

서명

18 미래 도시 만들기

활동 미션 우리 모둠이 살고 싶은 미래 도시를 구상하고 발표한다.

STEP 1	STEP 2	STEP 3	STEP 4	STEP 5
이해하기	탐색하기	적용하기	도전하기	발표하기
5분	20분	20분	30분	15분

STEP 1 영상을 보면서 빈칸을 채워 스마트 시티에 대한 설명을 완성해 봅시다.

상상은 도시가 된다

재생 시간: 5분 1초 (3분 26초까지 시청) **출처:** EBSCulture (EBS 교양)

네덜란드

1 □□ □□을/를 활용하여 검색하거나 찾아볼 필요 없이 도시 정보가 내 손 안에 들어온다.

2 태양광 발전과 스마트 그리드 기술을 결합한 □□□ 프로젝트로 전기를 효율적으로 생산하고 관리한다.

싱가포르

3 □□□ 싱가포르 프로젝트로 모든 도시 계획을 3D 가상현실에서 시뮬레이션한다.

4 □□□□ 택시 누토노미와 차량 공유 서비스로 교통 혼잡과 환경 오염이 해결된다.

STEP 2 내가 살고 싶은 미래 도시를 구상해 봅시다.

❶ 내가 살고 있는 도시의 문제와 그 문제를 해결할 수 있는 미래 기술을 생각해 봅시다.

문제	예시 대중 교통 정류장이 비효율적으로 배치되어 이용하기 불편하다.
미래 기술	예시 대중 교통 이용 현황을 보여 주는 빅데이터를 활용하여 정류장을 효율적으로 배치한다.

❷ ❶을 반영하여 내가 살고 싶은 미래 도시를 구상해 봅시다.

보기
미래 도시의 종류

- 자연 생태/친환경 중점 도시
- 취미/레저 중점 도시
- 교육/동화 중점 도시
- 의료/안전 중점 도시
- 문화/콘텐츠 중심 도시
- 기술/사물 인터넷 중점 도시
- 교통/에너지 중점 도시

이름	TIP 미래 도시의 특징을 살려서 정한다.
종류	
특징	TIP 지금 내가 살고 있는 도시의 문제점에 대한 해결 방안을 담는다.
슬로건	예시 Seoul, My Soul(서울), I♡NY(뉴욕), Tokyo Tokyo Old meets New(도쿄)
상징물	예시 자유의 여신상(뉴욕), 인어공주상(코펜하겐), 곰(베를린), 에펠탑(파리)

STEP 3 우리 모둠의 미래 도시를 만들어 봅시다.

1. STEP 2 에서 구상한 미래 도시를 모둠원들에게 발표하고 모둠원들의 미래 도시를 평가해 봅시다.

모둠원	미래 도시	평가 점수			
		필요성	창의성	실현 가능성	합계
		☆☆☆	☆☆☆	☆☆☆	
		☆☆☆	☆☆☆	☆☆☆	
		☆☆☆	☆☆☆	☆☆☆	
		☆☆☆	☆☆☆	☆☆☆	

2. 점수가 가장 높은 도시를 우리 모둠의 미래 도시로 선정하고 모둠원들과 함께 보완해 봅시다.

우리 모둠의 미래 도시	
이름	
종류	
특징	
슬로건	
상징물	

- 보완이 필요한 부분:
- 보완할 방안:
- 추가하고 싶은 내용:

TIP
선정되지 못한 미래 도시의 아이디어 중에서 괜찮은 것을 추가할 수 있다.

STEP 4 우리 모둠의 미래 도시를 표현해 봅시다.

❶ 우리 모둠의 미래 도시를 한 장의 홍보 자료로 표현해 봅시다.

활동 안내

❶ 상단에 도시의 슬로건을 크게 쓴다.
❷ 원 안에 미래 도시의 상징물을 포함하여 미래 도시를 표현하는 그림을 그린다.
❸ 빈칸에 미래 도시의 이름을 쓰고, 미래 도시의 핵심적인 특징을 담아 홍보 문구를 완성한다.

예시 미래 도시 어디로든에서는 내가 딱 원하는 곳까지 버스가 갑니다!

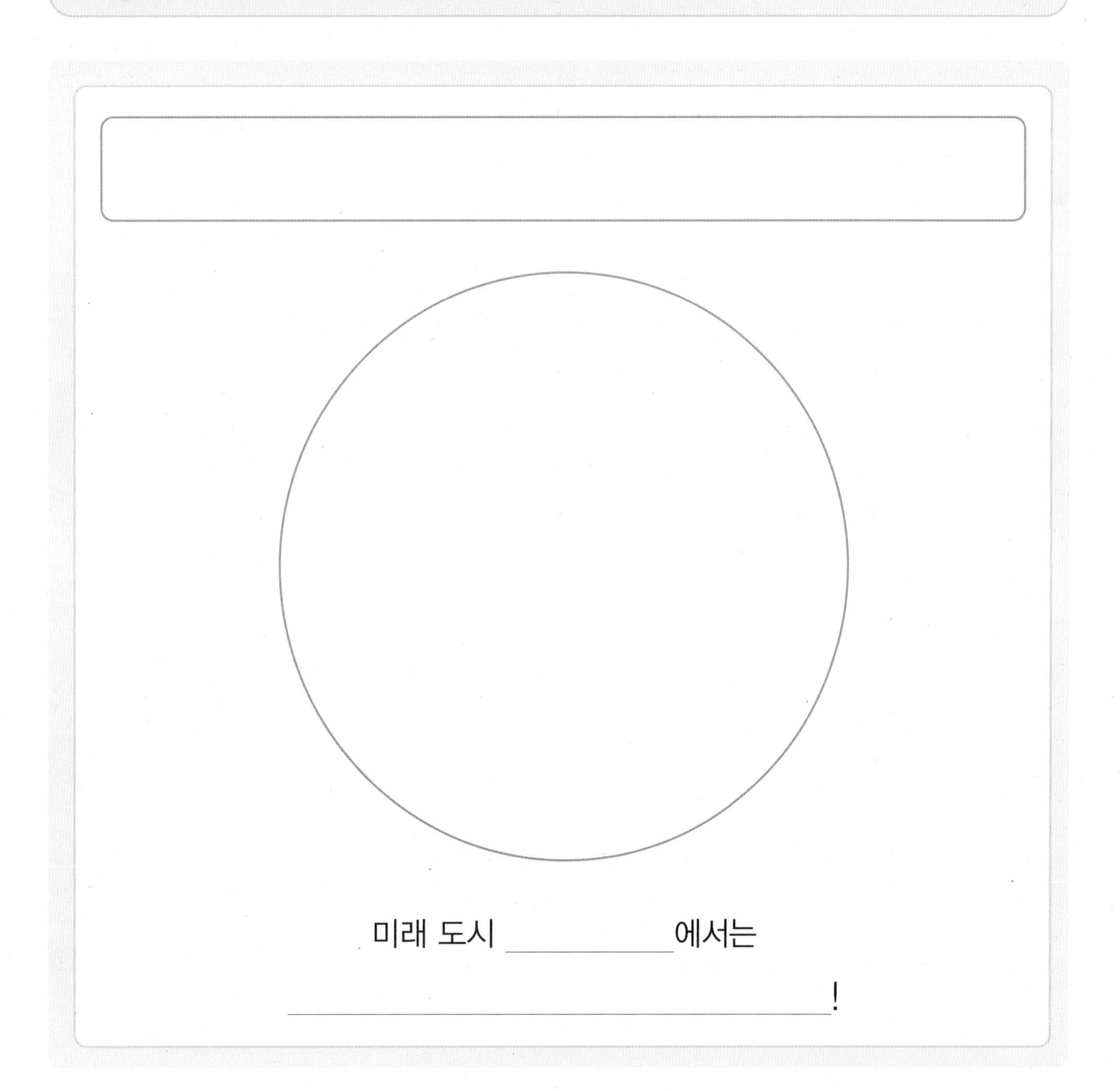

❷ 우리 미래 도시에 필요한 직업을 담은 서클 맵을 그려 봅시다.

활동 안내

❶ 가운데 작은 원에 미래 도시의 이름을 적는다.
❷ 바깥 원에 우리 도시에서 필요한 직업 6가지를 글이나 그림으로 표현한다.
❸ 원 밖에 그 직업인이 하는 일, 필요한 역량, 역할 등을 조사하여 적는다.

TIP 직업인에 대해 조사할 때에는 커리어넷(www.career.go.kr)의 직업 정보를 활용하면 좋다.

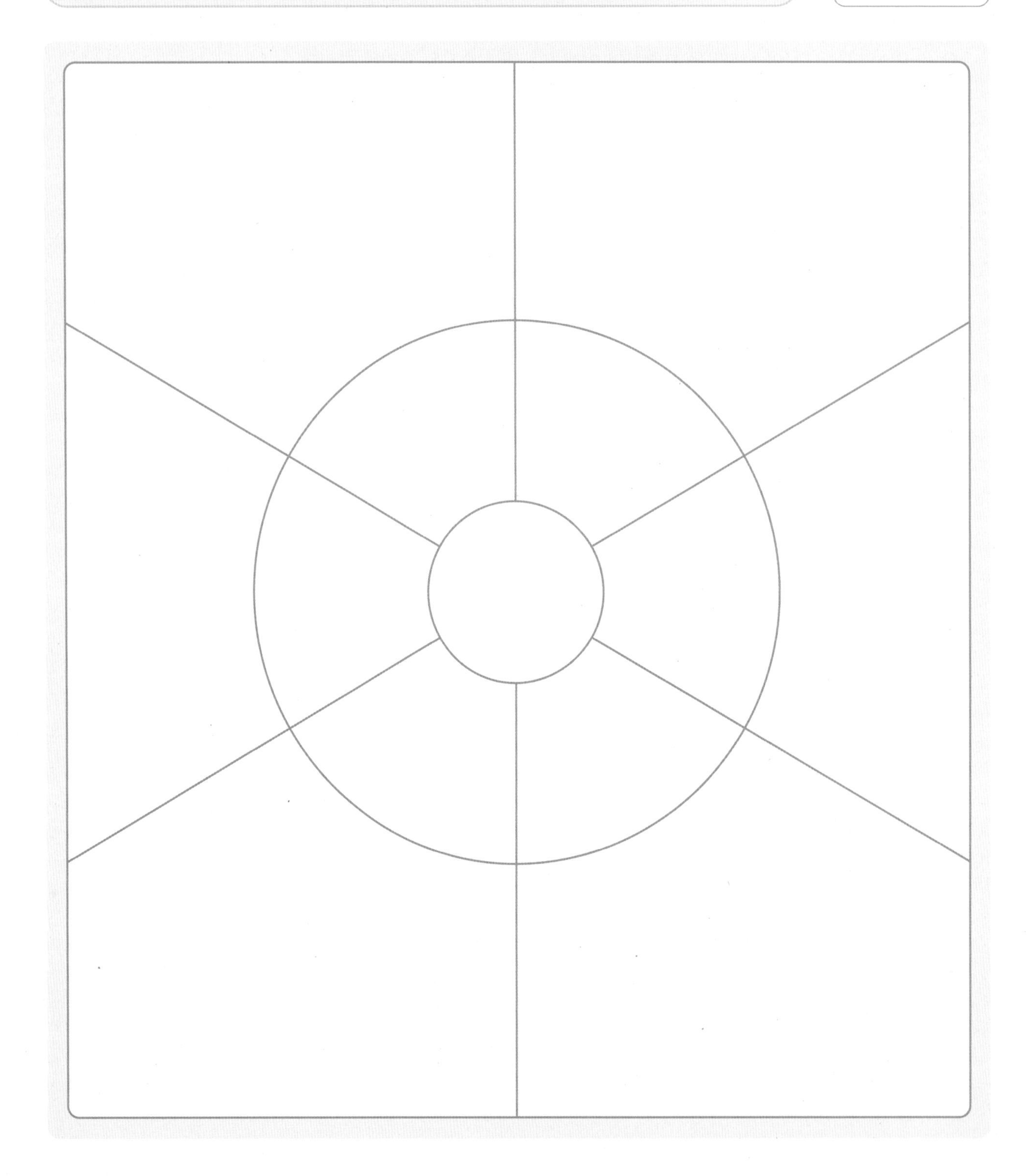

STEP 5 미래 도시를 발표해 봅시다.

1 발표를 진행하고 다른 모둠의 발표를 평가해 봅시다.

평가 기준

- 지금 우리 도시의 문제를 해결할 수 있는 미래 도시를 구상했는가?
- 미래 도시의 구체적인 내용을 창의적으로 구상했는가?
- 실현 가능성이 있는 미래 도시를 구상했는가?

모둠	미래 도시	평가 점수			
		필요성	창의성	실현 가능성	합계
		☆☆☆	☆☆☆	☆☆☆	
		☆☆☆	☆☆☆	☆☆☆	
		☆☆☆	☆☆☆	☆☆☆	
		☆☆☆	☆☆☆	☆☆☆	

평가 결과

- 우리 모둠이 받은 점수:
- 우리 학급에서 가장 높은 점수를 받은 모둠과 그 이유:

2 발표 과정과 결과를 성찰하고 앞으로 더 발전하기 위해 필요한 것을 정리해 봅시다.

다른 모둠에서 배우고 싶은 점	
우리 모둠에서 잘한 점	
우리 모둠에서 보완해야 할 점	

미래 직업 세계의 변화 2

'융합과 연결'이라는 단어로 요약할 수 있는 4차 산업혁명은 각 분야의 경계를 허물고 기술 간 융합을 활발히 하고 있는데요. 이러한 현상은 직업 세계 전반에서도 일어날 것으로 예상합니다.

융합형 직업은 작게는 사람들이 가진 소질과 관심의 결합에서부터 크게는 지식 간 또는 과학 기술과 타 영역 간 연결 과정에서 발생할 수 있습니다. 빅데이터, 인공지능 등 기술의 발달로 인문, 과학 기술, 경영 지식 등의 활용이 더욱 용이해지면서 관련 분야의 일자리가 증가할 것입니다. 4차 산업혁명으로 미래 직업은 앞으로 어떻게 변화할까요? 융합형 직업의 사례를 보고 예측해 봅시다.

융합형 직업의 사례

요리사농부

직접 재배한 재료를 사용하여 요리하는 사람입니다. 도시인이 신선한 재료를 공급받기 위해 농장에 주문 생산하는 트렌드가 요리사와 결합하여 탄생한 직업입니다.

기술문서작성가

일반 사용자들이 쉽게 이해할 수 있도록 기술 관련 제품의 사용자 설명서나 소프트웨어 도움말 기능 등을 만들고, 잡지에 기고하는 사람입니다.

사용자경험디자이너

사용자의 경험을 중시하여 제품이나 서비스를 생산하는 사람입니다. 인간의 심리 관련 지식과 가상/증강 현실 등 스마트 기술에 대한 이해 및 디자인 감각 등이 필요합니다.

수료증

성 명:

학 교:

과정명: 미래 직업 체험 프로그램

교육 기간:

위 사람은 미래 사회를 탐색하고 4차 산업혁명 시대에 새롭게 등장하는 미래 직업을 체험하면서 자신에게 맞는 진로를 설계하고 미래를 여는 진로교육 프로그램을 성실히 수료하였으므로 이 증서를 드립니다.

20 년 월 일

씨마스 진로교육연구소

워크북

미래 직업 체험

초판 발행 2025년 1월 10일

지 은 이 위정의, 하희, 진로교육연구소
펴 낸 이 이미래
펴 낸 곳 씨마스
주　　소 서울특별시 강서구 강서로33가길 78 씨마스빌딩
등록번호 제301호-2011-214호
내용문의 (02) 2274-1590~2 | 팩스 (02) 2278-6702

편　　집 강민아, 박영지, 현은진
디 자 인 표지: 이미라, 내지: 박상군

홈페이지 www.cmass.kr | **이메일** cmass@cmass21.co.kr
이 책에 대한 의견이나 잘못된 내용에 대한 수정 정보는 씨마스 홈페이지나 이메일로 알려 주시기 바랍니다.
잘못된 책은 구매처 또는 본사에서 교환해 드립니다.

I S B N 979-11-5672-546-6